JN222039

共感覚でスピリチュアルを読み解く

文字に色、いのちに光

遠森 慶
Tomori Kei

東方出版

共感覚でスピリチュアルを読み解く

はじめに

「共感覚」という言葉が、最近少しずつ知られるようになってきました。

大まかに言えばこれは「ひとつのことがらに二つ以上の感覚を持つ」という精神現象です。

例えば文字を見たとき、その文字の発音（漢字の場合は発音と意味）以外に「色」を感じるとか、または音や音楽を聞くと「味」を感じる……などさまざまです。

「共感覚者」というと何か特殊な感じがしますが、広い意味での共感覚は誰もが持っています。

日本には昔から、共感覚を格別なものと意識せず「複合する感覚の味わい」として芸術や創作活動に活かしてきた風土があります。が、文明開化以降「科学的に立証されたもの以外は信じない」という考え方が次第に普遍化し、せっかくの共感覚もだんだん自覚されなくなりました。

そしてこの分野の研究も、欧米に大きく先取りされてしまいました。

現在、インターネットを中心に共感覚は話題になり始め、関連書籍も書店に少しずつ並ぶようになりました。ほとんどが海外の研究書の邦訳ですが、日本人による研究書も出始めています。

邦人研究者の筆頭である岩崎純一氏の『私には女性の排卵が見える』（幻冬舎）は、岩崎氏自身の共感覚を日本の風土や伝統と照らし合わせながら分析しています。岩崎氏は多くの共感覚を持っており、タイトルにある「女性の排卵が見える」というのもそのひとつです。これについては本文で再述します。

『私には女性の排卵が見える』が話題になったため、一時期岩崎氏を超能力者だと早合点する人もいたようです。氏は超能力などのスピリチュアル系とは敢えて距離を措いていますが、同書では「何を感じ取っているのか未解明」という思考の余地も残しています。

以下、私が共感覚者や医師、霊媒、それからいわゆる超能力者などに取材した結果の仮説ですが、共感覚も超能力も、心霊現象も生まれ変わりも全部つながっていて、たまたま「文字に色」など比較的ポピュラーな共感覚が近年、脳神経学的に解き明かされたということではないでしょうか。

つまり、このまきちんと共感覚を研究していくと、これまでオカルトやスピリチュアルとされてきた現象の多くが解明されると思います。共感覚はその玄関口です。

最近話題になっている「引き寄せ力」――私が解釈すると「引き寄せられ力」なのですが――が共感覚にいちばん近い位置にあり、遠からず解明されると思います。

共感覚は、脳の神経線維が複数の知覚部位をつないでしまっているため、ひとつのものごとに二つ以上の感じ方をするという学説が多くの文献にみられます。この機序による共感覚は、最もポピュラーな「文字に色」などの知覚をもたらすもので、数字に色を感じる共感覚者の脳をＤＴＩ（拡散テンソル画像）という精密な脳診断装置で調べたところ、双方の知覚部位間に強い神経線維の存在が確認されています（アムステルダム大学のR. Rouw博士らが二〇〇七年に論文発表している）。

そのほか、脳の構造的に神経線維がつながりそうもない部位同士、例えば「音」と「色」などにおいても共感覚は発現します。これを解析する学説はやや入り組んでいるので、かいつまんで述べると、入力信号（音や音楽）の伝達過程において常に特定の箇所で信号漏れが起こり、それによって照準部位とは別の部位（色覚）が感応してしまうためとされています。この説はさきの神経線維のような視認できる根拠が得られておらず、まだ研究の余地を残していますが、しかしさまざまな様態の共感覚者がカミングアウトしている現実を考えると、神経線維の結合がなくても複数部位が刺激されうるというこの説は説得力があります。

いずれにせよ共感覚は、脳内を走る情報信号が神経線維のつながりやその他の機序によって、宛先以外の知覚部位にも届いてしまうことで発生するのです。

さて「文字に色」の共感覚ですが、これは例えば「ア」の文字を見たとき、通常は脳内の文字担当部位だけが刺激されますが、共感覚者の場合は同時に色覚担当部位も刺激されます。そのため、「ア」の文字にaという発音と「赤」など特定の色を同時に知覚します。

色は共感覚者によってさまざまで、「ア」に緑色を感じる人もいれば黄色を感じる人もいます。

色覚に加えて味覚を担当する部位も刺激されれば、「a音」「赤色」「レモンの味」のように三つ同時に感じます。

幼少期の脳は情報信号が複数の部位を刺激するようにできていて、誰もが共感覚的な知覚をしているとされます。

なので、今は共感覚がないと思っている人でも、物心つく前には「この文字は黒鉛筆で書かれてるのにピンク色なのはなぜ?」とか、「チョコレートは茶色いのに緑色の味がするね」など と不可解なことを言って、親を戸惑わせた経験があるかもしれません。

つまり「狭義の共感覚」(はっきり知覚する共感覚)を、幼い時期には多くの人が持っていて、成長とともにもっと便利な記憶ツールである「言語」が充実してくるので、脳の情報伝達システムが適宜整理されていき、思春期ごろから何となく忘れていくのです。

しかし、さまざまな人から話を聞くうち、成人後も何らかの共感覚を結構多くの人が持っていることが判りました。

成人後も「狭義の共感覚」を維持している率は、ほんの一昔前までは二〇〇〇~三〇〇〇人に一人といわれていました。が、最近では二〇〇人に一人といわれるようになり、さらにネットなどを通じて「あ、それ私にもある！」と気づく人たちが続出したため、十人に一人は軽くいるとも言われています。

これはSNS（ソーシャル・ネットワーキング・サービス＝個々人が発信交流できるインターネットコミュニティ）を使った私の調査とも符合します。共感覚者の多くは自覚していないか、あるいは「変わり者」と言われるのを警戒してカミングアウトしていないだけで、「ひらがなの中の十文字くらいに色を感じる」など、軽い共感覚を持っている人を含めると成人の一割以上います。そして、本文で詳しく述べますが「狭義」ほど強くない「広義の共感覚」なら成人後も誰もが持ち続けます。

つい最近までは「漢字に色を感じる人はいない」という説がまかりとおっていました。理由は「数万もあるから」という単純なものでした。実際には私を含め、漢字に色を感じる人はさほど珍しくありません。表情や人格、味や音や位置を感じるという人もいます。

そういう人々が昨今カミングアウトしはじめたため、研究者が実際に会って調査が開始され、「漢字に色を感じる人はいる」ということが学術的にも証明されました。

こんなふうに「いるはずがないと思っていたらいた」というのが、共感覚をめぐる動きとしてあるのです。昭和時代には、最もポピュラーな「ひらがなや音に色を感じる」という人さえ存在しないと思われていて、それが昨今では、二〇〇人に一人といわれ、さらに十人に一人になり、広義の共感覚なら誰もが持っているというところまで認知されてきています。

今後研究が進むにつれ、「文字や音に色がつく」といった比較的多いケース以外にも、さまざまな形態の共感覚が判ってくるでしょう。

さて、共感覚は病気ではありませんから、一般的に「無害」「苦痛を伴わない」とされています。確かに、文字や音に色を感じる瞬間に苦痛はありません。

しかし、共感覚が強い場合はすべての文字に、かなりはっきりと色を知覚するため、連続して感じているうちに気分の低下、憂鬱、不吉感を覚えることがあります。また、文字の意味と共感覚色の乖離（たとえば私は「塩」が抹茶色）によるイメージの混乱が続くと憔悴しますし、色を「感じる」のではなく実際に「見えてしまう」人の場合、文章を読んでいると目がチカチカして疲れるというつらさもあります。

さらに、共感覚的に感じるものが「色」ならまだしも「痛み」である場合は結構深刻で、コントロールがうまくいかないと日常生活に支障をきたしたりします（いずれも強度共感覚者の場合であり、軽度の人の中には文字や音に色などを感じることを楽しめる人もいる）。

それから副次的なことをいえば、共感覚のレベルは感受性と比例するので、共感覚が強い人は精神的なつらさ、苦悩を抱えていることが非常に多くあります。ものごとすべてに色がつく私も、うつや強迫神経症と折り合いをつけながら生きています。

しかし、共感覚は「こころ」や「いのち」の謎をとく重要な手がかりである可能性があり、私も自分のこれが、もしかしたら何かの形で科学の発展にわずかでも役立つかもしれない……と思ったりします。神経過敏からくる精神的苦痛はあれど、少しでも社会に貢献できるならば無上の喜びです。

本書の内容をざっくり述べると、次のようになります。

●誰でも「精神的に敏感な部分」があり、大なり小なり何らかの共感覚を持っている。

●共感覚の一部が解明されたことは、霊魂や超能力などのスピリチュアルが解き明かされる序章。

●人の意識は体の外に出ることがある。そして誰もが無意識でそうした能力を使い、幸運を呼んだり危機回避をしたりしている。

●死後も意識が残ったり生まれ変わったりする。

●そうした意識群を、文字に色を感じるのと同じように、何かの形でキャッチする人がいて、それが昔から世界中で「霊媒」と呼ばれてきた。

――これらのことは私が言うまでもなく、人々が昔から薄々感じていたことだと思います。しかし近代に入り、なまじ科学が発達したことと、テレビ受けする怪しげな霊能者がお茶の間の人気を得たことから、せっかく「こころ」「いのち」の謎を解く鍵のついたヒモが天からぶらさがっていたのに、二本ともつかみ損ねてしまいました。

「科学の敵は未解明現象を非科学と嗤う態度」という言葉を、私は複数の科学者から聞いています。けだし名言だと思います。

鍵のついたヒモが天からぶらさがるのは、「共感覚」で最後かもしれません。つかみ損ねた二本のヒモ……「霊」「超能力」は、「共感覚」のヒモと天上で一つに結ばれています。ここでギュッとつかんで引っ張れば、これまでつかみ損ねた分もズルズルと一緒にくっついてきます。

もちろん「天」というのは譬えであり、天上の神がいるとは思いません。仏教やキリスト教以前の人々が感じていたように、霊も神も超能力も私たちと同じ世界にあるのでしょう。

共感覚研究において日本は欧米に後れを取ったものの、日本の死生観、アニミズムの感覚は有利です。そのへんも本文で詳しく述べるとして、ともかく共感覚に興味を持つ人が増え始めた今度こそ、「こころ」「いのち」の謎解きが大きく進歩するかもしれません。その期待を込め、何かのヒントになればと思いつつ筆を執りました。

●もくじ

第五章　意識は体外で何をしているのか

第六章　生まれ変わりと進化

第七章　遊離意識群と「引き寄せ力」

まとめ　

第一章　解明されてきた共感覚

最も多い「文字に色を感じる」

私はひらがなの「い」にやや薄めの黄色、「は」「ん」「し」の各文字にごくわずかな灰色を帯びた白色を感じます。「め」はオレンジ色です。しかし、それらの文字が全部読みに入っている「飯」（いい・はん・めし）の漢字は、黄色でも白でもオレンジ色でもなく、黒っぽい赤色なのです。

なぜ「飯」が読みとぜんぜん違う色になるのか……共感覚の世界ではしばしばこのような、因果関係がはっきりしない結びつきがみられます。

こういう不可思議な結びつきが起こる機序は、次のようなものです。

私の心の中で「飯」の字にまつわるさまざまな知覚が自動編集され（あくまで「知覚の編集」

であって「記憶の編集」ではないので「連想」とは異なる)、その編集されたものは脳の中の「黒っぽい赤」の発生部位を常にターゲットにする性質を持っているのです。

かくして、私は幼い頃から今現在までの半世紀にわたり、「飯」の字にいつも全く変わらない「黒っぽい赤」を感じ続けています。*1

私の共感覚は、こうした「文字に色を感じる知覚」が最も強く、幼稚園に上がる前から五四歳の現在に至るまで、色具合や感知する強度などが実に頑固に一定しています。文字によっては複数の色が重なっていたり、色の中を別の色が矢のように走り抜けるといった知覚をするものもあります。質感を伴う文字も少数ながらあります。

次いで「音に色」「人に色」「触覚に色」などがあり、弱いものも含めると世の中の全てのものごとに色や形や感触を感じます。

「この音楽をこのミュージシャンが演奏したら、紫色の四角柱二本を感じる」とか、「今治療中の奥歯は、銀色に輝く直径約一ミリの球体の痛み」とか、「小学生の時に行ったあの遠足は、中空を飛翔する巨大な薄い黄色」など、とりとめがありませんが、こういった知覚が全てのものごとに発生し、色タグがついて脳の中に収納されています。

共感覚は現在、さまざまなパターンが次々と発見されていく過程にあります。

誰でも「あれ? これは何だろう」という感覚……ひとつのものごとを捉えているのに、何となく別のものごとが心の中に浮かんでいる感覚を持っているのではないでしょうか。ふだん格別に意識しないその不思議な感覚……今これをお読みになっている方にそんな感覚があったら、それは共感覚なのかもしれません。

本章では、解明されつつあるさまざまな共感覚のパターンを記していきます。

共感覚は、人が持っている「意識」の敏感な部分が引き起こしている現象です。文字に色がつく人が読書好きだとか、音に色がつく人が音楽好きなどの、比較的判りやすい傾向がある程度はみられます。ただし、人に色を感じる共感覚を強く持つ人の中には、何らかのトラウマにより人を警戒しているケースもあるので、これは「好き」というより「関心がある」というほうが適切かもしれません。

また、共感覚は現在いろいろなパターンが発掘されている最中ですので、本書で述べるものにぴったり一致するものでなくても、何らかの形の共感覚を多くの人が持っていると思います。

さてそれでは、先ほども触れた「文字に色を感じる」共感覚について、もう少し詳しく述べることにします。

この感覚は「書記素色覚」と呼ばれるもので、音や音楽に色を感じる「色聴」と並び、共感覚の中では最もポピュラーな様態です。平易に「色文字共感覚」と呼ぶこともあります。

共感覚を自覚しない、いわゆる非共感覚者でもうっすらと持っている「広義の共感覚」では、

「あ・ア」に赤、または反対色の緑、「う・ウ」に青、または反対色の黄色を感じることが多いという説があります（52ページ）。

これは共感覚者（狭義の共感覚がある人）でもだいたい同じ傾向がみられ、私も「あ・ア」は赤、「う・ウ」は青です。

海外でも、A（ア音の文字）に赤か緑、U（ウ音の文字）に青か黄色を感じる人が多くいます。特に「A（ア）＝赤か緑」は、どこの国でもかなりはっきりと見られます。

この共感覚がある人は、文字を見たり意識したりしたとき、心に色が浮かびます。文字そのものは印刷されたインクの色で見えているのに、別の色を感じるのです（文字そのものに色がつく人もいる＝後述）。

私の場合、心の深いところに闇が現れ、その暗い渕に、霧のようにぼんやりと色が浮かびます。この「ぼんやり」というのはあくまでイメージで、どう表現すればいいのか難しいのですが、ぼんやりしているのに認識自体は非常に鮮烈なのです。明るい色はその明るさどおりに、暗い色はその暗さどおりに知覚します。微妙な濃淡や色調まで物凄くはっきりと認識できており、現れ方も瞬時で、文字を見た直後にその色を感じます。余韻を引くこともあります。

本や新聞を読むときなどは、いちいち色を感じていたら大変なので、共感覚を敢えて発動しないよう抑制します。これを私は、同様の知覚をする共感覚者と会話するとき「サングラスをかける」と言っています。もちろん本物のサングラスをかけるわけではなく、あくまで心を制御するのです。

心のサングラスなしで新聞を読むと、全ての文字の色が心の中を駆け抜けていきます。敢えて例えれば、無限の細長い紙にさまざまな色がついて、脳の中をサーッと通過していくような感覚です。

ちなみに書記素色覚には、幼いころに覚えた文字ほど明るくカラフルな色を感じ、学習年齢が遅い文字ほど暗く黒っぽい色になっていく傾向があります。*II

私の場合もそうで、例えば「爛漫」「薄霞」という言葉そのものには、桜が満開のピンク色の春景色や、白い霞がかかった美しい高原のイメージ（①）を読み取れるのですが、文字にはどす黒くて汚らしい、ドブのような色（②）を感じます。イメージと共感覚色の二つが脳内で同居しているのですから、おかしなものです。*III

＊I　私は幼時から文字が好きだったので、ひらがなとカタカナを幼稚園入園以前、日常的な漢字は幼稚園時代に覚えた。「飯」の字は家の近くに飯田橋駅があったため訓読み・音読みとも比較的早い時期に知った。「飯」にかんしては「い・は・ん・め・し」からの音連関がないが、「江」「恵」「栄」は読みに含まれる「え」からの音連関があり緑色系を知覚する（あくまで私の場合）。音連関する漢字と、しない漢字の比率は約半々。

＊Ⅱ　高学年で習う文字（漢字）ほど画数が増えていくせいかもしれない。例えば「か」「学」の画数を増やして「が」「學」にすると元の色の濃度が増すという傾向がある（但し「さ」「大」に一画加えて「き」「犬」にしても、元々別の字なので元来の色のまま）。
なので漢字は高学年で習うものほど色が濃くなっていくが、英字は画数が少ないためか、高学年で習うのに明快色で知覚する人が多い。私の世代では英字を小学五年で習っているが、私を含め同世代の書記素色覚者はAに「あ」の色、Uに「う」の色などカナからの転用で色を感じている人が多く、そういう場合はカナが明快色だから英字も明快色になる。また、私は高校生のときハングルを独学したが、音節文字であるハングルを構成する音素記号（画数が少ない）に感じる色もカナからの転用が多く明快色である。

ちなみに、ハングルはその音素記号を寄木細工のように組み合わせて一文字にするので、記号同士が接触または接近する部分は双方の色がグラデーション状にまじりあうのが私の知覚様態である（幼時に母語文字として覚える韓国人共感覚者への取材では今のところこのグラデーション状知覚は報告がない）。

＊Ⅲ　感じる順番は②→①。共感覚色は瞬時に知覚し、連想色は遅れて現れる。また、共感覚色は字を覚えたとき（その字を学んで発音との関連を認知した瞬間。稀には発音認知以前に形だけ覚えた瞬間）に色がつき、その色調は一生変わることがない。一方、①はただの風景イメージなので加齢による経験の積み重ねとともに変わっていく。

「感じる」「見える」「色の霧がかかる」

色文字共感覚のために混乱することがよくあります。例えば私は「みどり」という言葉を聞いたとき、脳がすばやく漢字の「緑」に変換してくれればグリーンの色を感じるので問題ないのですが、*発音のまま、ひらがなの「みどり」として聞いてしまうとオレンジ色が思い浮かんでしまいます。

この食い違いのために、むかしデザイン会社に勤めていた時ずいぶんおかしな失敗をしました。指示書に「ここを緑色にして」と漢字で書いてあるときはグリーンに塗れます。ところが言葉（声）で指示され、ひらがなで聞き取ったまま漢字変換せずに作業してしまうと、ついオレンジ色に塗ってしまうのです。

当時はまだ、共感覚など全く知られていなかったので、

「どうしてきみは、いつも緑とオレンジを間違えるの？」

「そ、それはつまり……ひらがなのみどりがオレンジ色なんです。漢字を押しのけて強烈にオレンジ色を主張するんです」

「はぁ？」

なんてやり取りを上司やクライアントさんとの間で交わし、そのたびに「おかしなことを言う人だな」という顔をされました。

このように「心に色が浮かぶ」パターンの共感覚を「アソシエイター型書記素色覚」といいます。

一方、文字そのものに共感覚色がついて見える人もいます。「ア」が黒インクで印刷されているのに赤く見えてしまうというケースです。この「印刷色を超える」タイプの共感覚は「プロジェクター型書記素色覚」と呼ばれます。

さらに最近では、プロジェクター型とアソシエイター型の中間ともいうべき、「文字そのものに色はつかないものの、文字の上に色のついた霧状のものがかかって見える」タイプの報告もあり、私は便宜上「イリュージョン型」と呼んでいます。

私たちが目で見ている世界は、かなり脳によって修正・編集されています。いわば、脳は私たちを常にだまし続けているわけです。なので、プロジェクター型の共感覚も「目は黒インクを捉えているが、脳のはたらきによって赤く見えさせられている」と考えられます。

この「心に浮かんだものを肉眼で見えたと思わせる脳のはたらき」は、かなり重要なポイントです。第三章以降で、従来スピリチュアルやオカルトと思われていたことを共感覚的な視座で考えるとき、大きなヒントとなってきます。

＊　私が漢字の「緑」にグリーンを感じるのは共感覚ではなく連想。漢字は表意文字であるため、

その意味するものの色の連想のほうが強くて共感覚色を感じないものがいくつかある。桜＝ピンク、空＝薄い青など。こうしたものも広義の共感覚とする学説もあるが、私はあくまで連想として分けて捉えている。

「色つき玩具で覚えたから」ではない

書記素色覚を持つ人は、洋の東西を問わず、昔から「幼いころに文字を色つき玩具で覚えたからでしょう?」と周りの人に言われてきました。

これは妙に判りやすい推測で、そう言われると何となく本人も「ああ、この感覚はそういうものだったのか」と納得してしまいます。そして、気がついたら感覚そのものをなくしてしまっているという、ちょっともったいない歴史があります。

この「色つき玩具説」は、近年でもなお支持する学者が欧米にはいます。共感覚が脳神経の作用であることや、広義のものなら誰でも持っていることが解明されているのに、なぜまだ色つき玩具由来と思うのか不可解なことです(日本は西洋より研究が後れたことが逆に幸いして、現在学者でこれを言う人はいません)。

つい最近もアメリカの有名大学の研究者が、共感覚者十数人をサンプルにして、彼らが育った地域と年代に合う色つきアルファベット玩具を、全米の玩具メーカーから取り寄せ照合するという、ずいぶん手数のかかる実験を行いました。結果、ある程度の成果が得られたといいますが、私は色つき玩具説を真っ向から否定します。しかもわずか十数人の被験者でエビデンスが立てられるものなのかも疑問です。

色つき玩具で学んだ経緯を持たない共感覚者は、世界中に数えきれないほどいます。そもそも共感覚自体が、文字を使わずにコミュニケーションする地域（文字玩具が存在しえない）の住民や、山岳少数民族、文明以前の人々などに多くみられるものなのですから、この説は話になりません。

欧米の共感覚研究は歴史も実績もあるのですが、最近このような懐疑論の復活もみられ、一部では「共感覚なんて錯覚だろう」のような説まで甦っています。その影響か、「何万字もある漢字に色を感じる人などいない」という欧米の見解が日本に一時期入ってきていました。

しかし、漢字に色を感じる日本人は少なからずいるのです。本家中国にももちろんいます。共感覚は本来「どんなものごとにも複数の知覚をしうる」という現象なので、たとえ読みが判らない文字でも、その形状に色を感じる共感覚があります。□や○、—や・などのほか、「はね」「はらい」「交差」、さらには書体の違いなどにわたって色を感じうるのですから、そのタイプの共感覚者は漢字が何万字あろうが色がつきます。

欧米から「漢字に色がつくわけがないだろう」といわれると、義務教育だけで約一七〇〇字も習い、日常生活で二〇〇〇字以上を使いこなす日本人としては、二六文字しかないトコの人にあんまり言われたくないなあ、という心境になってしまいます。

少なくとも自分の国のことばを、ひらがな・カタカナ・漢字という三チャンネルで、さまざまな書きあらわし方をして楽しんでいる私たちは、欧米型の研究よりもっと広い視点で共感覚を捉えていけるはずです。

また、文字に色のほか、表情や人格、大きさ、たたずまい、位置などを感じる人もいます。そして、対象が文字ではないもののそれに似たケースとして、身のまわりの物体――食器や家電品、建物、乗り物、風景などに人格や性別、感情を感じるという人もいます。

私の友人A君は、建物や乗り物を見たとき「あのビルは、異国に出稼ぎに行っているエネルギッシュな中年女性で、オレンジの服とジャズが好き」などと、かなり詳しく感じ取ります。いずれも、昔ならばちょっと人に言うのがはばかられたような感覚です。

私が子供のころ（一九六〇〜七〇年代）は「文字に色がつく」と言うだけで「気が狂っている」と誹《そし》られました。当然そのころも、色文字よりもさらに突飛な、A君のような知覚をする人もいたわけで、彼らがどんなふうに自らの感覚を人にさとられないよう過ごしてきたのか、その気兼ねは想像に余りあるものがあります。

現在、彼らがインターネットを使い、自分と同じ感覚を持つ人たちと気兼ねなく交流できるようになったのは喜ばしいことです。かつては個々人でとじこもり、感覚を人に知られないように隠していた共感覚者たちが、ネットを通じて情報交換しあい、発信をしはじめたことは、まだ未解明な部分の多いこのテーマの研究に大きく寄与するでしょう。

音楽がカラフルに見える「色聴」

書記素色覚と同じくらいポピュラーな共感覚が、音に色を感じる「色聴」です。音程、和音、音楽などはもちろん、鳥の鳴き声、車のブレーキの音、ドアをノックする音などにも色を感じる人がいます。

色聴も「心の中に色が浮かぶ」タイプが多く、書記素色覚の「アソシエイター型」にあたります。

他に、音を聞いたとき、視界に色がパッと出てくるという人もいます。これは書記素色覚の「プロジェクター型」にあたり、目の光学的機能としては色を見ていません。脳が本人に「見えた」と思わせているのです。

音を耳で感知したとき、脳の聴覚担当部位だけでなく視覚担当部位も同時に作動するため、色が心に浮かんだり見えたりします。味覚担当部位も連動すれば何かの味を感じることになります。

私の色聴は書記素色覚ほど強くなく、しかも加齢とともに弱まってきています。生活の中にある音（ドアの音とか鳥のさえずりなど）に付帯する色は、最近ではぼやけた感じになり、意識しないと色を感じずにやり過ごしてしまいます。しかし、音楽を聴くと今も特定の旋律に特定の色、特定の楽器音に特定の色がつき、格別に意識しなくてもそれを知覚します。抽象的なビジョンや感触などが現れることもあります。

中でも感触は、最も形容するのが難しいのですが、ある音を聞くと何か得体の知れない物体が心にぼうっと浮かびます。さらに、それが肌に触れたときの感触も心に浮かびます。あくまで「感触が心に浮かぶ」だけで、皮膚では何も感じていません（色聴者によっては実際の触覚として感じる場合もある）。

色聴の共感覚者が感じるものは、「甲高い音は金属質」とか「滑らかな音は繊維質」のような、実際にその音をたてる物質を連想したものではありません。

特に音楽は文字と違い、さまざまな楽器音や旋律、リズム、歌声などによって成り立っているので、感じるものは書記素色覚よりも複雑です。書記素色覚者が文字に「色」を感じるのに対し、色聴者の過半数が音楽に「色が入り組んだ模様や抽象的な光景」のような、情報量の多いビジョンを感じるのはそのためです。

なお、書記素色覚の「色つき文字玩具学習説」（23～24ページ）と同様、色聴も「色つき鍵盤のピアノで学習したからだろう」という懐疑を向けられることがよくあります。

これも「こじつけ」の推論です。色つきピアノは色つき文字玩具よりもさらにマイナーですし、そんなものを使った経緯のない色聴者は山ほどいます。また、そもそも色聴はピアノ奏者だけが持っているわけではなく、「聴く」「歌う」ことで音楽を楽しむ一般的な人々にも普通に発現するのです。私など、唯一どうにか弾ける楽器は日本の三味線ですが、伝統邦楽で色聴はあまり発現せず、弾けない洋楽器やシンセサイザーの曲のほうが発現します。

加えて、鳥の声や自動車のブレーキなど、暮らしの中の音にも色を感じる色聴者がいますし、日常語の中にも「黄色い声」という色聴由来の慣用句が定着しています。この状況下でなぜ「色つき○○」説がいつまでも横行するのか、首をかしげざるを得ません。

紫色の四角柱が踊る

私の色聴の中で最も奇妙なものは「踊る四角柱」です。これは「菩提樹の下の恋」という曲を、ある特定のミュージシャン*が演奏した時だけ心に現れるもので、短い脚のはえた紫色の四角柱が二本、ぴょこぴょこと踊ります（曲のリズムに合わせてではない）。

踊っている場所は場末の風俗店のようなステージで、周囲には濃い枯葉色のカーテンが降りていて暗く、四角柱は紫色に鈍く光っています。それはとても鮮明で、いつ聴いても細部にわたって正確に同じ形状と動作で現れます。曲自体は軽快なものなのですが、必ず現れるこのビジョンが薄気味悪いので、このミュージシャンによる「菩提樹の下の恋」はあまり聴かないようにしています。

この曲と踊る四角柱とを結び付けるものは何もありません。色聴の場合、多くの楽器によるさまざまな音が、しかも旋律を伴って脳内に入ってくるので、それらの情報が次々と脳のいろんな部位を刺激し、そこにあるものがどんどん引き出されて複雑に編集された結果、場末のステージで踊る紫の四角柱という奇妙な動画が生みだされたのだと思います。

ちなみに「菩提樹の下の恋」は二〇〇三年から三年間ほど、世界的に流行した「Dragostea Din Tei」という原題の曲で、ルーマニアのO-Zoneというミュージシャンが発表し、その後各国でさまざまにアレンジされ音楽サイトや動画サイトにアップされました。

日本ではインターネットの大規模掲示板「2ちゃんねる」発の猫型キャラクターの動画が付いて流行したので、覚えている方もおられると思います。私もユーモラスな猫動画とともに流れる「菩提樹の下の恋」をよく聴いていたので、たいていのアレンジなら、聴いているとき心に浮かぶのはその猫型キャラクターであり、これはただの連想です。

しかしなぜか先述の、奇妙な四角柱ビジョンが現れるアレンジがひとつだけあるのです。この場合だけは猫動画の強烈な連想を押しのけて、あの複雑怪奇な色聴が起きます。

* vanpersiefan12氏が二〇〇八年にユーチューブにアップした「Best Dragostea Din Tei Remix Ever」。同曲アレンジ作品の中でこの人が最も気に入ったひとつをアップしたとみられ、誰がアレンジして演奏したものなのか不明。画面に映し出されるのは赤と緑の閃光の静止画像で、踊る紫の四角柱とは似ても似つかない（猫動画は面白いので見ながら聴くが、当該のアレンジはレコーダーに録音して聴いているので、そもそも画像を見ていない）。

共感覚とメタファーの境目

英国の心理学者ジョン・ハリソン氏による『共感覚　もっとも奇妙な知覚世界』（松尾香弥子訳／新曜社）に、「共感覚が共感覚でないのはどんなとき？　メタファーのとき」という章があり、日本の松尾芭蕉が紹介されています。

それは、松尾芭蕉の俳句に対するスティーブ・オーディンという研究者の解釈に、ハリソン氏が懐疑的な視線を投げかける内容です。

「鐘消えて花の香は撞く夕哉」（鐘の音が消えてゆくとともに、花の香りがその余韻のように匂い立ってくる夕べ）[*I]という句を、オーディン氏が「消えゆく鐘の音の振動が花の香りと溶け合い、さらに夕暮れの薄闇と混じり合う」と解釈していることや、「有難や雪をかほらす南谷」（なんとありがたい、南谷には雪が残り、香らせている）[*II]という句を「雪に香りを感じる共感覚によるもの」と解釈していることに対し、ハリソン氏は次のように述べます。

ある個人が共感覚者だという定義として、たとえば聴覚刺激が「瞬時に」視覚の共感覚的知覚を呼び起こす、というのを強調した。この定義は、自分の共感覚について手紙をくれた、世界中の何百もの人々が一致して書いていることだ。だから、鐘の音が花の香りの「音色」に段々と移り変わっていく、という表現は、芭蕉が実際に共感覚を持っていたというよりは、メタファーを使っていただけ、ということを示している。これは必ずしも芭蕉には共感覚がなかったということを意味してはいない。単に、共感覚者だったという決定的な証拠はないということだ。

メタファーとは「比喩」のことで、ことば遊びや文学によく使われる手法のひとつであり、古今東西、表現力の豊かな作家ほど共感覚者と思われがちなのはこれゆえんです。

ただ、芭蕉が「鐘の音の余韻」と「匂い立ってくる花の香り」のあいだに〝ゆっくり感〟を持たせたのは、彼が実際に共感覚として感じたものを俳句らしく表現するためのテクニックでしょう。

もし共感覚の「聴いた瞬間に別の知覚を呼び起こす」という様態そのままに、「夕鐘が　ゴ！と鳴るやいなや　花の香をきく」なんて詠んだら味も素っ気もありません。

まあ、右の句は私の冗談ですけれども、しかしやはり「瞬時に感じる」というのを馬鹿正直に詠んでしまっては鐘の音が余韻を引かず、花の香りも「ほのかさ」がちっとも感じられなくて、せっかくの夕鐘ののどかな情緒が失われてしまいます。

ですのでこれは、昔の人は現代人ほど五感をはっきりと区別しておらず、誰もが共感覚的なものを持っていたため、別段その様態どおりに表現する必要もなかった――むしろ、皆が共感覚を共有していたからこそ、あえて様態どおりにせず、ゆっくりと花の香りに変化していくという表現をすることが、俳人や作家の腕の見せ所だったように思います。

むろんメタファーの可能性は芭蕉以外にも、洋の東西を問わず、センシティブな詩情を表現する作家たちに共通してうかがえます。しかし、これは私が日本語を母語とするせいでそう感じるのかもしれませんが、昔の日本の俳人や詩人はことさらに、そうした「五感をあえて分けない」技法を使っているように思えます。

日本は四囲を海に囲まれ、鎖国制度も長らく存在し、良くも悪くも閉鎖的環境下で文化を営んできました。現代の海外でも山岳少数民族など、外との交流がない地域ほど、住民の間に共感覚的な「知覚の共有」があると言われています。日本が西洋の科学的価値観を導入し、それが庶民間にある程度定着する明治の中ごろまでは、やはり共感覚的な表現というものが、作者と読者の間に共有されていたのではないかと私は思っています。

なお余談ですが、芭蕉が嗅覚と聴覚を分けずに詠んだことで思い起こされるものに、日本の香道における「香りを聞く」という表現があります。私は中学の国語の授業でそれを「詩的な言い換え」と教わりましたが、もしかしたら昔の人は共感覚として本当に香りを聞き、現在でも香道を楽しむ人の中にはそういう人がいるのかもしれません。

＊Ⅰ・Ⅱ　この現代語訳は当該書のもの（オーディン氏の論文をハリソン氏が引用したものの日本語訳）。現代日本で公式に出回っている『おくのほそ道』では、まだ共感覚などという概念が知られていなかった時代に現代語訳されたものゆえか、次のような訳がなされている。

「鐘消えて花の香は撞く夕哉」→「夕ぐれは、鐘の音が聞こえたと思ったら消えてゆき、そのかわり花の香りがこちらに匂ってきた」（『新日本古典文学大系71元禄俳諧集』中「新撰都曲　上」（岩波書店））。

「有難や雪をかほらす南谷」→「この南谷別院にやどっていると、谷から吹き上る風に山の雪の香が感じられて快い。まことにありがたいことよ」（『おくのほそ道』（ワイド版岩波文庫79））。

以下遠森の私見であるが、後者はまだしも前者の現代語訳は「鐘の音」と「花の香」の間に「そのかわり」を新規挿入して分断してしまっており、いくら共感覚が認知されてなかった頃の訳とはいえこれはいかがなものか。また、二〇一八年現在もなお、これら芭蕉の〝共感覚を知らないと意味が判らない句〟は訳者を混乱させており、苦しい解釈が散見されるが、俳句は現代的感性で悩むことなく、詠まれたとおりに解釈するのが良いと思う。

音視？——四つ葉のクローバーの声

音視は、色聴と逆に「色や物を見ると音が聞こえる（感じる）」というタイプの共感覚です。色聴に比べ少数派ですが、音視を思わせる子供が「よくわからないけど不思議なことが起きている」という視点でテレビ番組に出演していたので、内容をおおまかに紹介します。

その番組は「探偵！ナイトスクープ」二〇一二年七月二七日放送分（朝日放送）です。日常のちょっとした出来事を「探偵」役のタレントが紹介するものですが、単に面白いだけでは終わらず、必ず専門家の分析コメントを入れるのが特徴です。

この番組では「常識的には考えられないけれど、どうしても存在するもの」……人間の不思議能力もよく紹介されます。

音視らしい子供が出演したのは「四つ葉のクローバーの声が聞こえる」という五歳の女の子、Kちゃんについての回です。母親が番組あてに手紙を送り、探偵役のタレントが母子に会いました。そして、公園などでのKちゃんの行動をずっとカメラが追います。

彼女はクローバーが群生している場所に行き、立ったまま数秒間そこを見下ろして四つ葉を見つけます。これはおそらく直観像記憶（見た光景を細部にわたり一瞬で記憶する能力）によって無意識下で四つ葉探しが行なわれ、もし声が聞こえているとすれば、そこに「音視」が重なっているのでしょう。

探偵の質問に対するKちゃんの答え方が、共感覚を言い表そうとするときの幼児に典型的にみられる「表現しづらさ、もどかしさ」を帯びているので、以下、そのまま文字に起こします。

「四つ葉のクローバーの声が聞こえるの？　なんて言うの？」

「えーとね、聞こえるの」

「『こっちだよ』みたいなことを？」

「うん、言ってるか何か判らないけど、急に言ってるの」*

「なんか声がするなと思って行ったら、四つ葉のクローバーがあるの？」

「うん」

……Kちゃんは「聞こえているのか、聞こえたと感じているのか、その区別が自分でもよく判らない」状態なのでしょう。アソシエイター型の書記素色覚がある子供が「心の中に色が浮かぶ」という現象をうまく表現できず、周囲の人の言葉にも影響されて「色が見える」と言ってしまいがちなのと同じです。

Kちゃんのお母さんは「声が聞こえると言うので、ついていくと四つ葉がある」と言っているため、番組も一応その形で作られていますが、映像では「声に呼ばれている」のとは違う動作に見えます。

Kちゃんはまず、周囲をざっと見まわしてクローバーの群落を見つけ、そこへ行って、立ったまま二、三秒見おろし「あった！」と言って摘み取っています。

ですから、これは直観像記憶がまずはじめにあり、スキャンした光景の中から無意識に四つ葉を発見して、その形状に「クローバーの声」という音を聞いたように感じている……というのが正確だと思います。

この収録で、Kちゃんは約三〇秒に一本の割合で四つ葉を発見しています。別段四つ葉が集まって生えているわけではないことも確認されます。

また、「幼い子供は皆、見つけやすいのだろうか？」という疑問から、年齢が近い他の子供を何人も呼んで、同じように探してもらいましたが、収録時間中Kちゃん以外には誰も見つけられないという結果になりました。

そして、大阪市にある淀川キリスト教病院の産婦人科医・谷均史氏が「幼児のこうした不思議現象についてどう思うか」という探偵の問いかけに対し、次のようにコメントしています。

「現実にあちこちで、そういう研究をされてる方がいるのです。だから何らかの形でそれ（クローバーの声）を聞き取る能力があるとしても、おかしくないと思います」

谷氏は小児科医でもあるので、彼自身の体験や知識に照らし合わせたうえで、Kちゃんの能力について述べたのだと思います。

先述の通りKちゃんの能力は、四つ葉を探し当てるプロセスを見る限り「直観像記憶＋音視」

であると思われますが、もしくは、体外に放出された思念が距離を隔てた場所の画像（光景）を認識する現象（111〜113ページ）が起きている感触もあります。

＊　Ｋちゃんの「急に言ってるの」という形容には、直観像記憶によって四つ葉が探し出された「瞬間」に声が聞こえることを表しており、共感覚の特徴である「対象物を認識した瞬間に感覚が起きる」ことと符合する。

かつおダシがきいた痛み

さて、話を次に進めます。

共感覚には「痛覚に色がつく」という様態もあります。これはあまり楽しくないせいか、色文字などほかの共感覚に比べると話題になることは少なめです。が、共感覚者同士で会話し、何かの拍子に「痛みに色や味ってない？」と誰かが言いだすと、けっこう多い人数が「あるある！」と頷きます。

痛いときは気を散らそうとして、美しい風景とか楽しい思い出など、全く関係のないことを意図的に再生しようとするせいか、「痛み→色」の感覚を持っているのに自覚できていない人もいます。

私が取材した限りでは、書記素色覚や色聴に次いで多いのではないかとさえ思えるほど、痛みに色や味を感知する人はたくさんいます。

共感覚は究極的には、生命維持と危機回避のための能力であると思われます。なので、生体が脅威を感知したときの警報である「痛み」に色や味をつけ、分類しようとする感覚の遺残度合いが高いことは、共感覚本来の存在意義と照らし合わせても整合します。

かくいう私にもこの感覚があり、銀色の痛み、かつおぶし風味の痛みなど、痛み方によってさまざまなものを感じます。もちろん、私の書記素色覚で「ア」が「赤」に固定されているように、痛みの種類によって感じるものは特定され、幼いころからずっと同じです。

いま歯医者に通院しているのですが、「どんなふうに痛みますか?」と医師に問われ、「銀色に光る粒状です」とか「かつおダシがきいてます」などと言えないのがもどかしい限りです。この表現が通じたら便利なのになあと思います。しかし仮にその医師が共感覚者で、理解があったとしても、共感覚は人それぞれで、彼にとっての「銀色」「かつおダシ」は私と違う痛みでしょうからやっぱり役に立ちませんね。

不思議の国のアリス症候群

共感覚者がよく体験する現象として「不思議の国のアリス症候群」(アリス・イン・ワンダーランド・シンドローム=AIWS)があります。成人後に共感覚を自覚していない人でも、幼いころのＡＩＷＳの記憶があるケースが多く、「幼児期にはほぼ誰もが共感覚を持っている」ということと無関係ではないと思われます。

ＡＩＷＳは簡単に言うと「大きさ・広さ・距離・時間などの錯認」で、次のような感じ方をします。

●体が大きい人（本人が子供なら両親など）よりも、自分のほうが大きい
●人の顔などが歪む
●身体の全部または一部が果てしなく大きくなる
●いつも通る道がどこまでも無限に続いている
●部屋がどんどん広くなる、または自分がどんどん小さくなる
●時間が経たない、または急速に時間が流れる
●宙に浮く、または空を飛ぶ

これらが典型ですが、他にもいくつかの感じ方があります。

「不思議の国の〜」というメルヘンチックな症名は、少女アリスの体の大きさが変わるという内容の児童文学『不思議の国のアリス』（ルイス・キャロル著）に因み、イギリスの精神科医ジョン・トッドが名づけたとされます。

原因は中枢神経のウィルス感染だと言われていますが、まだはっきりとは解明されていませ

ん。ほとんどは子供の頃の一過性のもので、発生時に少しばかり精神的な混乱があるものの格別に害はなく、共感覚のように成長とともに消えてしまいます（ただし、病的なレベルのものが連続して起こる場合は脳腫瘍などの可能性もあるので、脳神経外科での検査が必要になります）。

ＡＩＷＳと共感覚の共通点として「視覚としてはそう見えていないのに、心の中でそのように感じる」ケースと「実際に視覚としてそう見える」ケースの二つがある、ということが挙げられます。

私の場合、三〇歳台までＡＩＷＳの発現がしばしばあり、後述する五〇歳のときの「緊急避難的に共感覚が強まった時期」に何度も再体験しました。

ＡＩＷＳが覚醒中に現れる人は目で見ている光景が変化するのですが、私の場合は夜、布団に入って目を閉じてから数分後なので、心の中のイメージに終始します。意識ははっきりしているのですが、手の指先（主に親指だが全指のことも）がぐんぐん大きくなります。部屋よりも、ビルよりも、山よりも指先が大きくなり、しまいには地球よりもでかくなって、宇宙が私の指で満たされてしまいます。それでもまだまだ大きくなります。

このとき、心地よい浮遊感と「滑らかな球状の固体の表面と自分が同体化し、無限空間にぽつねんと存在している気持ち悪さ」を交互に感じます。実に形容しがたい感覚なのですが、五〇歳の時に再体験したときも、若い頃と全く同じようにこれを感じました。

さらにＡＩＷＳのときには「指先」「浮遊」「球体」の三つに加え、自分のいる場所を次の二つのどちらかとして知覚します。

「建設途中の超高層ビルの、誰もいない鉄骨に座っている」、あるいは「芝生に覆われた土手の上を山手線が走っていて、その下に沿う道を歩いている」のどちらかで、ともに薄暗く寂しい雰囲気が漂っています。

指先が巨大化すると必ずこの二つのうちのどちらかが、ビジョンとして現れます（肉眼視ではなく心に浮かぶ）。

「指の巨大化の恍惚」と「球体同化の気持ち悪さ」に、「鉄骨または土手沿いの道の暗い寂しさ」が加わり、三つの感覚はＡＩＷＳ発現中ずっと併存します。

ビルの鉄骨に座っているビジョンは、私が幼いころに放映されていたテレビアニメ「デビルマン」のエンディングの一部に、似た画像があります。なので成人後の私は、幼い頃のＡＩＷＳを思い出すとき、何となく「あのエンディングが脳裏に残ってるのかな」とも推測していました。

デビルマンは変身して巨大化しますし空も飛びますから、ＡＩＷＳの指の巨大化や浮遊感にこじつけようとすれば可能です。しかし、調べてみるとデビルマンの放映は一九七二年から一年間で、そのころ私は既に八歳です。私のＡＩＷＳは幼稚園児のころからあるので、結局私は

ＡＩＷＳのとき、なぜ高層の鉄骨が必ず現れるのかは謎のままです。

鉄骨が浮かばない時に出てくる「山手線が走る芝生の土手沿いの道」も不思議です。私は鉄道ファンなので、ビジョンが浮かぶとき「まぎれもなくこれは山手線である」と認識し、車種まで特定しています（「一〇三系」だけが現れる）。

実際の山手線は、もう三〇年以上も昔に銀色に緑の帯を巻いた新型に代わっているのですが、今でもＡＩＷＳのとき浮かぶのは昔のままの、車体全部が緑色の旧型車両で、細部にわたり変化がありません。また、実際の山手線には私の心に浮かぶような、芝生の土手の上を走る区間がありません。

結局、鉄骨と山手線、この二つの由来はどうにも判らずじまいです。これも共感覚と同じように、心の深いところの原初的な知覚が編集され、それが常に脳の特定部位を刺激するために、半世紀にわたって全く変わらずに再生されつづけるビジョンなのでしょう。

自分が周囲と違うと気づく日

共感覚者は幼いころから「自分はおかしいのではないか」「本当に自分の見えているものはこれで合っているのだろうか」などと自問し、悩んでいることが非常に多いです。

『ねこは青、子ねこは黄緑』（パトリシア・リン・ダフィー著／石田理恵訳／早川書房）のなかに、興味深い記述があります。パトリシアさんが十六歳の時、幼いころにアルファベットの練習をしていた自分を思い出し、父親にそれを語ったときの場面です。共感覚者が、「自分の感覚が周囲の人と違う」と気づいて驚き、周囲の人もどう対応していいか判らず、互いに戸惑ってしまう典型的な例なので引用します。パトリシアさんと父親の会話から始まります。


私は父に言った。「でも、ある日突然気付いたの。Rを書くにはまずPを書いて、ループの端から斜め下に向かって一本、棒を書けばいいってことに。驚いたわ。だって棒を一本書き加えるだけで、黄色の文字がオレンジ色に変わるんですもの」

「黄色の文字？　オレンジの文字？　いったい何のことだ？」と父は聞き返した。

「何って、Pは黄色い文字だけど、Rはオレンジでしょ。ほら、文字の色よ」

「文字の色って何だ？」と父は言った。

（中略）あの日、台所にいた父と私は、共感覚という言葉さえ知らなかったので、二人揃ってうろたえてしまった。父は自分の娘が、彩色を施された文字だけでなく、色が伴った数字や、時間まで見ることを知り、ますます当惑してしまった。私にとっての一週間は、色の付いた歩道であり、一日一枚、合計七枚の舗床用材で構成されている。一年は十二色の四角い色片をつなげた、楕円状になったリボンである。父は私の説明に驚き、私は彼の驚きぶりに驚いた。それは、世界が自分が思っていたものと違うらしいと気付かされた、人生における転機のひとつだった。人間を社会的に結びつける拠りどころとなる質問——「あなたが見ているものは、私が見ているものと同じですか」——が、突如ぽっかりと宙に浮いてしまったように思えた一瞬だった。

また、共感覚とサヴァン症候群、アスペルガー症候群*を持つ作家のダニエル・タメット氏の『ぼくには数字が風景に見える』（古屋美登里訳／講談社）にも、同氏の少年時代の苦悩などがつづられています。

たとえば数字ひとつとっても、氏の共感覚的な知覚が現実とあまりにも整合せず、それによる戸惑いと、どうにか自分を納得させる様子が次のように記されています。

学校で、いろいろな数字を同じ黒いインクで印刷してある算数の問題プリントが出されると、ぼくはとても混乱した。そのプリントが間違いだらけに思えた。たとえば、どうして8の文字が6の文字より大きくないのか、どうして9が青でなく黒で印刷されているのか理解できなかったからだ。そして、印刷機で9の数字を印刷しすぎて青いインクがなくなってしまったのだと解釈した。

共感覚者は思春期ごろまで、周囲のみんなも自分と同様、文字に色を感じたり音楽に風景を感じたりしているものだと信じています。なので、普通の会話としてそれを話してしまい「変な子」「頭がおかしい」と謗られたり、「そんな嘘を言うものではない」と叱られたりした経験を持っています。

西洋では、共感覚の研究が日本よりも先行したものの、その様態の不可解さが却って偏見を生じさせ、「気が狂った野蛮な感覚」とか「共感覚者は脳みそが滅茶苦茶」、果ては「共感覚とは牡蠣《かき》レベルの意識」などのひどい言葉を、れっきとした知識人が吐くようなありさまでした。海にいる貝の牡蠣と共感覚がどう結びつくのか理解に苦しみますが、とにかく尋常な批判とはとても言いがたい、悪意を込めた蔑視にさらされていたのが共感覚者です。

そして、傷ついた本人は「どうやら自分は精神を病んでいるらしい」と苦悩し、精神科に行くケースがよくあります。しかし、精神科医も共感覚を知らなかったりすると話はさらに厄介になります。

まあ、たとえ知らなくても大抵は優しく対応してもらえるのですが、中には「文字に色がつくなんて聞いたことがない、あなたは嘘をつく病気だ、それを治すのは精神科ではない」と、精神科医に叱られたケースが最近の日本でも報告されています。

＊ サヴァン症候群は、自閉スペクトラム症などを持つ一方で特定の分野にきわめて優れた才能を発揮する。アスペルガー症候群は、社会的なコミュニケーションが苦手で流行や風潮に靡かず、独特な自分の興味に没頭するなどの傾向がある。

超敏感性格ゆえの生きにくさ

共感覚者のなかには、共感覚以外の部分でも、周囲との協調に苦しむ人が多くいます。そうした人々は、幼いころから既に、興味の対象があまりにも周囲と異なることに気づいています。そして「自分とは何か」「自分はこの世界で暮らしていけるのか」と苦悩した経験談が、共感覚者からよく聞かれます。

ダニエル氏も、前掲書の中で少年期のそんな悩みを、次のように書いています。

ぼくはいつも消え去りたいと思っていた。どこにいても自分がそこにはそぐわないと思っていた。まるで間違った世界に生まれてきてしまったような感じだった。

(中略)

弟や妹には友だちがいて、学校帰りに友だちを家に連れてくることがあったが、ぼくにはなんの足しにもならなかった。ぼくは窓辺に座って、庭を見下ろしながら、弟たちの遊ぶ声に耳をすましました。弟たちが、心から興味を持っていること、たとえばぼくにとってのコインとかマロニエの実とか数字とかテントウ虫などのことを、なぜ友だちと話し合わないのか理解できなかった。

(中略)

どのタイミングで相手に返事をすればいいいか、ということがぼくには直感的にわからない。いまは人と適切に言葉をやりとりすることができるが、それは多くの訓練を重ねてようやく身につけられたことなのだ。

そうした訓練はとても大事なことだった。ぼくはなによりも普通になりたい、ほかの子のように友だちをつくりたいと心から望んでいたからだ。

共感覚そのものは精神病ではありません。しかし両者はゆるく繋がっています。

精神病患者の一部と、共感覚者のほぼ全てはＨＳＰ（Highly Sensitive Person＝超敏感性格。高度な感覚処理感受性）という特性を持っています。精神病と共感覚を具有する人も少なからずいます。

私を含め、私が会った共感覚者のほとんどは、ＨＳＰに起因する（ものごとを感じすぎるがゆえの）何らかの精神的症状を持っていました。中でもアスペルガー症候群は、軽度のものを含めるとかなりの共感覚者にみられました。

アスペルガーの人の中には、共感覚的にひとの感情を色で認識したり、相手の精神に「なる」ことができたりしているケースが多くあります。

「人の感情に敏感ならば協調性が豊かなのではないか？」と思われるかもしれませんが、実際には全く逆で、むしろ集団の中では浮いてしまいがちです。

人の心をいくら認識できても、常に自分の思念のほうが際立って強く、周囲の人がしていることにいちいち「どうしてそうなるの?」「それはこうすればいいのに!」という自己流の疑問を持ってしまうからです。そしてその疑問を口にしようものなら「理屈っぽい、押しつけがましいやつ」として煙たがられてしまいます。加えて、理屈として納得しにくいもの……例えば格付けや儀礼などの価値を見いだせずに混乱します。

かくいう私も、自分でも呆れるほど価値観が社会と大きくかけ離れていて、五〇歳台半ばになる今も戸惑ってばかりです。集団に溶け込むことが全くできず、幼稚園入園から会社員を辞めてフリーライターになるまで、周囲の人たちの世間話の面白さが常に判らずじまいでした。逆に自分が面白いと思って話す話題は周囲に通じず、いつも場を白けさせてばかりいました。

四〇歳台の中ごろから、どうにか周囲と協調できるようになりましたが、油断するとやはり空気を乱してしまいます。人と話すこと自体は好きなので、ライターになってからの取材活動に不自由はなく、こんにちまでやってこられたのは幸いだったと思っています。

脳内司書のズボラによる記憶再生ミス

周囲との協調は歳とともにできるようになりましたが、逆に歳とともに若干の障害が出るようになったこともあります。「記憶の再生」です。

文字に色がついているから、共感覚者は記憶力が良いという噂がインターネットで流れたことがあります。実際、私の知り合いの共感覚者の中にはそんな人がいます。文字に色がついて印象が強くなるから物覚えが良いのか、それとも共感覚者特有の神経過敏ゆえにものごとをたくさん受け取めることができ、手あたり次第に頭の中へしまい込んでいるということなのか、本人もよく判らないそうです。

一方私は、どう考えても記憶力が良いほうではありません。それに加え、述べたとおり加齢とともに「再生ミス」が増えてきて、ときどき混乱しています。

私はすべてのものごとに共感覚色のタグを付けて頭の中に収納しています。たとえば、インフルエンザにはレモン色がちらちらするスカイブルー、十三駅（大阪にある阪急の駅）には薄めの水色、親戚の某さんには普通の水色を知覚するので、その色のタグが付いています。そしてその三つは「水色」と大雑把に分類したケースに、他の水色系の記憶群とともに入れられ、脳のライブラリにしまわれています。

私は昨年末、かかりつけの内科にインフルエンザの予防接種をしてもらいに行きました。そして医師に「インフルエンザの……」と言うために、脳内ライブラリの司書に「レモン色がちらつくスカイブルーのタグの記憶を出して」と依頼しました。

若い頃なら司書は書庫に入ってケースを出し、私が言った通りの色調のタグを見つけてくれました。しかし四〇歳代の中頃から無精するようになり、近接する色調の記憶を三つ四つ束ねてドサッとよこすようになりました。

最近ではさらにズボラになって、ケースごと差し出すありさまです。なので、その中の微妙に濃淡が異なる色タグ群から、目的の色を探し出すのは私の役割になってしまいました（私と脳内司書はほぼ別人）。

結局この内科受診のときも医師を前にして、ケースの中をガサガサ探し、

（十三駅……じゃない！　親戚の某さん……これも違う！）

「どうかしましたか？」

「い、いや何でもありません、えーと、冬にする、何とかいう予防接種を」

とモタつく始末でした。

医師は「なぜインフルエンザくらいの簡単な言葉を忘れるかな」と不思議そうな表情で注射を打ってくれました。表出する会話だけでは単純な度忘れだと思われてしまうのです。

昨今、共感覚に興味を持って下さる方々が増え、何かキラキラした特殊能力のように思われることが多いのですが、私の場合は本人が冴えないおっさんであるだけでなく、こんなふうに共感覚エピソードにも間抜けなのが多くて、一般的なイメージとのかけ離れぶりに、我ながら呆れ果てるばかりです。

第二章　誰もが持つ共感覚

世界中の人がａに赤か緑を感じる

共感覚はまだまだ研究途上の分野ですから、書記素色覚や色聴などのほかにもさまざまなパターンがかなり発掘されてくると思います。

たとえば、テーブルに置いてあるコップを見て何かの風景を感じるとか、肌に感じる気温から何かの音を感じるとか。

そのような「まだラインナップされていない様態の共感覚」を自覚しないまま持ち続けている人は多いのではないでしょうか。また、書記素色覚のような、かつては数千人に一人と言われていたものでも、軽度のものなら誰でも持っているという研究があります。

「誰もが持つ共感覚」として判りやすいものに「黄色い声」があります。甲高い声を、日本語では昔から「黄色い」と表現してきました。甲高い声と黄色との間に何の関係もないことから、これは誰もが持つ共感覚が、知らないうちに普段のことばの中に溶け込んだものと思われます。

また、前章でも少し触れましたが、共感覚者であるなしに関わらず、世界の誰もがa音を持つ文字に赤色を感じやすいという統計があります。

私もa音にかかわる文字……「あ、ア、a、A、亜」などは、それぞれ濃度や色調は異なるものの赤系統の色を感じます。「ア」と発音している声を聞いた時は濃いめの赤を感じます（誰の声であっても「ア」音は濃いめの赤になるが、音声の高低、および軽快な声とかしゃがれ声とかの声質の違いによってわずかな色調差は出る）。

そして面白いことに、それらa音にかかわる文字には、緑を感じる人も多いのです。共感覚者であってもなくても、「ア」の文字には赤、または緑を感じやすく、これは赤の反対色が緑だからなのだそうです。

書記素色覚の最近の研究では、反対色である「赤／緑」「青／黄」の共感覚的な関係性が、ある程度まで解明されています。

脳の視覚野は「腹側皮質視覚路」と「背側皮質視覚路」に大別されます。そして、「赤／緑」を担当する細胞は前者にかかわり、「青／黄」を担当する細胞は前者と後者の両方にかかわっている……という分担があります。

こうした脳の構造により、「ア」には赤か緑のどちらかを感じる人が多いのでしょう。

共感覚を自覚しない人々に行なわれた実験

共感覚を自覚しない人々が持つ、いわゆる「弱い共感覚」の実験は欧米では前世紀から行われており、日本でも今世紀に入って興味深いテストが実施されています。

「アイウエオ」の各音声を参加者に聞かせ、同時に青・黄・白・黒の四色から抽出した二色対をモニターに映し出して、どちらの色がふさわしいか、マウスの左右クリックで回答してもらう実験です（関西大学大学院社会学研究科の光田愛氏、関西大学社会学部の関口理久子氏および雨宮俊彦氏が二〇〇八年に実施した「実験1」と「実験2」のうち、ここでは「実験2」の結果を遠森が要約して記す）。

参加者は男性二人、女性七人の大学生で、全員が非共感覚者。実験は数回の練習の後、三六〇試行行われました。

その結果、イ・エ音は黄色、ウ・オ音は青が選ばれる率が高い一方、アイウエオの全てにおいて、白と黒が選ばれる率は低いというデータが得られています。

この実験を行なった光田氏らは、他の方法による結果とも照合したうえで次のように述べておられます。

非共感覚者では、母音と色についてイメージとしての一致効果はあるが、一方（例えば母音）が他方（例えば色）を知覚的に誘発するのではないと示唆される。非共感覚者は母音と色の一致効果はあるが、それはイメージに基づく判断レベルであり、知覚レベルではないといえる。

感覚の深度としては浅いけれども、非共感覚者でも母音に色をイメージすることがこの実験で判ります。

以下は私の考察ですが、「イメージ」を、過去に学習したものごとに照らし合わせて編集し、得られるものが「知覚」です。

ということは、人は誰でも基礎的な音や文字（この実験では母音の音声）に対して、おおむね共通する色をイメージとして感じており、共感覚者はそれを組み合わせて編集したり加工したりして、感じるもののバリエーションを増やしているのかもしれません。

青い音と黄色い音

この実験は「母音を発する声を聞かせ、提示した二色のどちらがふさわしいか選ばせる」ものなので、音や音楽に色を感じる色聴とはおそらく異なり、やや書記素色覚的な要素があるように思うのですが（光田氏らは「母音と色の一致効果」としている）、しかし52ページで述べた「誰もが持つ広義の書記素色覚」と比べると次のような感知の差異がみられます。

●母音の音声を聞かせるこの実験では「ウ・オ」の音声に青が選ばれやすく、反対色の黄色は選ばれにくい。逆に「イ」の音声では黄色が選ばれやすく、青は選ばれにくい。

●広義の書記素色覚では「ア」の文字に赤を感じる人と、反対色の緑を感じる人が同じくらい多い。脳の中で反対色（赤と緑、青と黄色）を感じる場所が同じであるためとされる。

前者はいわば反比例、後者は正比例関係にあります。反比例も正比例も、二つのものごとが互いに作用しあっている証左ですから、やはり「反対色」は共感覚的に無関係ではないのでしょう。

なお、この実験で使われた二色対は、四色すべてが組み合わさるよう作成され、それが偏りなく映し出されています。つまり「青と黄色のどちらがふさわしいか」という問いかけではないのに、「イ・ウ・オ」音では青と黄色の選択比率に有意偏差がみられたのです。

ちなみに、この実験に赤と緑は使用されていませんが、これ以前の国内外の実験により、非共感覚者もアの音声には赤を感じやすいことが判っています。

誰もが持つ「図形の音」

共感覚の謎を解き明かすヒントになりそうなものとして、「形や様子に感じる音」があります。

「世界じゅうの誰もが、こういう状態のものにはこういう音をイメージしやすい」という現象です。

『オノマトペ研究の射程』(篠原和子・宇野良子編/ひつじ書房)の第一章、「動物名称に見られる共感覚的音象徴」(ブレント・バーリン著、篠原和子・川原繁人訳)には、こんな研究が紹介されています。

ゲシュタルト心理学の創始者のひとりで、ドイツ人心理学者のヴォルフガング・ケーラー氏の実験は、参加者に丸っこい図形(空豆を二つ重ねたような形)と角ばった図形(一筆書きの星型をさらに鋭く尖らせたような形)を見せ、maluma、taketeという、意味のない二語のどちらがふさわしいか尋ねるというものです。

結果、九〇%以上の参加者が、丸っこいほうをmaluma、角ばったほうをtaketeと答えます。日本語の「まるい」「とがり」もこれに通じる感覚から生まれた語なのかもしれません。

この実験は他の学者たちによっても続けられ、開発途上国の少数言語話者の協力参加も得て行われましたが、常に同じ結果が得られています。

また「動物名称に~」の著者ブレント・バーリン氏自身は、この実験を少し進化させたテストを、ジョージア大学哲学概論のクラスで実施しました。

それは、学生たちに、ケーラー氏の実験と同じ丸っこい図形と角ばった図形を見せ、それにふさわしいと思う名前を創作せよというものです。条件として、五つの母音と十四の子音を使い「子母子母子母」の三音節とすることとします。

結果、二つの図形に使われる音にはっきりとした偏差がみられたのです。丸っこい図形のほうには、十四の子音のなかでb、d、gの「有声破裂音」と、五つの子音のなかでu、oの「後舌母音」が使われやすく、例えばburomu、gobuda、wolomaなどの名前が作られました。一方、角ばった図形のほうは子音では偏差は見られず、母音においてi、eの「前舌母音」がよく使われ、kidise、titomi、keteniなどの名前が作られました。

動物の名前にみられる音の有意偏差

ブレント・バーリン氏の研究には「動物の名称に見られる音象徴」というのもあります。開発途上地域の言語で、意味的に不透明な（鳴き声や生息様態などの特徴に由来しない）動物名の多くに、見た目や仕種からくると思われる音の特徴があり、バーリン氏はいくつもの動物名で検証しています。

たとえば「すばしこい、痩せた、軽い、角ばった」などの特徴があるクイナという鳥と、「よたよた歩く、太った、重い、ずんぐりした」などの特徴があるシギダチョウという鳥の二種をサンプルに、開発の進んでいない南米地域、十七の言語に対して調査（この二種類の鳥にどんな名前がついているか）を行なっています。

結果は、クイナの名称には無声子音が多く、特に無声破裂音（t、k）は十七語族のクイナ名称に必ず使われており、逆にシギダチョウにはそれらの子音があまり使われないことが判りました（例えばコロンビアやペルーのボラ語・ウィトト語族でクイナはpookoroji、シギダチョウはaawaa）。母音での有意偏差は見られませんでした。

——ここまで、『オノマトペ研究の射程』を参照・要約して記しました。

これらのテストや調査から判ることは、およそ全ての人間が、ある一定の「形」に感じやすい音があるということで、この分野は今後、共感覚研究に合流してくると思います。開発途上地域の語族でそれが顕著にみられることも、共感覚との関連を窺わせます。

第三章　何を感じ取っているのか——謎を残す共感覚

他人と知覚を共有する「ミラータッチ」

第二章までは、脳神経の作用として（完全立証ではなくとも）解明されている共感覚について記しました。

本章からは、まだ「何を感じ取って、そうなるのか」が判っていない、けれども現象は確実に存在し、カミングアウトが続いているケースを紹介します。

まず「ミラータッチ」。最近SNSやウェブサイトで見かけることが増えてきた言葉です。私はミラータッチを持っていませんが、知人の共感覚者にはこの感覚を持つ人が複数います。

ミラータッチはやや説明が難しい現象で、私はこれを説明するとき三人のキャラクターを設定して話すことにしています。そうするとスッと判ってもらえるので本書でもやってみます。

「鏡さん」……ミラータッチ共感覚者
「普通さん」……通常者（狭義共感覚を持たない人）
「長髪さん」……毛糸のセーターを着たロングヘアの女性

普通さんと長髪さんは並んでいます。

鏡さんは離れたところにいます。

そして普通さんが長髪さんの肩に触ると、普通さんの手のひらには当然、セーターの毛糸の感触があります。さらに手の甲には、ロングヘアがサラサラと当たる感触もあります（①）。

一方、長髪さんはセーターごしに、普通さんの手で触られた感触を得ます（②）。

……以上はごく普通の現象で、ここから先がミラータッチになります。

遠くで二人の動作を見た鏡さんは、普通さんと全く同様に、手のひらに毛糸のセーター、手の甲にロングヘアが当たる感触を得ます。

または、鏡さんは長髪さんと同じ、毛糸のセーターごしに触られた感触を得ることもあります。この場合、鏡さんは自分が何を着ていようと「毛糸のセーターごし」の感触を得ます。

また、不思議なことに普通さんと長髪さんの二人の知覚（①と②）を両方とも、鏡さん一人が同時に感じることもあります。

最近の研究によって、「ミラーニューロン」という脳内の神経細胞がミラータッチを起こしているのではないかという説が発表されました。

本来の神経細胞は自分が行動するときに活性化しますが、ミラーニューロンは他者が行動するときも同時に活性化するため、ミラータッチが起きるという説です。

井戸に落ちる子供

現代よりも社会の安全システムが整っておらず、人々が、赤の他人の危機を率先して救う必要があった時代には、ミラータッチを誰もが普遍的に持っていたように思います。

中国の儒者、孟子（紀元前三七二?〜二八九?年）の説いた「怵惕惻隠《じゅってきそくいん》」には、ミラータッチ的な感覚が次のように記されています。


よちよち歩きの子供が井戸に落ちかけているのを見かけたとすると、人はだれでも驚きあわて、いたたまれない感情になり、救けにかけだすにちがいない。子供の父母に懇意になろうという底意があるわけではないし、村人や仲間に、人命救助の名誉と評判を得たいからでもない。（『孟子』貝塚茂樹著／講談社）

損得の計算抜きで他者を救うことは、人間以外の哺乳類にもみられ、殊に群れで生活するサルには比較的顕著に見られます。他の哺乳類に比べ繁殖力の弱い高等霊長類にとって、種の存続のために必須だからでしょう。

そして私たち人間も、孟子が言うように、目の前で子供が危機に瀕していたら助けます。その場に居合わせたらまず何よりも、井戸に落ちそうになる子供の恐怖感が直感的に理解できてしまい、救いの手を差し伸べるのです。

この瞬間は、しいて言えば自分の精神が、井戸のふちの子供の精神に「なっている」といえます。この感覚は共感覚のうちの一つ、相手の痛覚を自分の痛み（比喩でなく実際に痛む）として感じる現象に似ています。相手の精神に「なる」ことは、相手を至近距離で見る（強い共感覚者では遠くであっても視認できさえすれば可）ことが必要で、テレビやパソコンで見た場合には発生しません。

災害などで、ガレキの下に埋まっている人の苦痛が、テレビでは情報としてしか判らないのに、ボランティアなどで現場に行ってみると「実際の痛みとして伝わってくる」のは単に光景を見て痛感するからではないでしょう。

負傷した人を見て自分も痛覚を感じることは、私も若い頃に現場仕事で災害がおきた際、仲間を助けるときに経験しましたし、阪神淡路大震災の救助に加わった私の知人たちも、共感覚者でないのに同様の感覚を得たと言っています。この感覚は、被災者の強い思念に、救助者の共感覚が緊急モードで強まり、被災者の精神に「なってしまう」からだと思われます。

会った人に色を感じる

他者の痛覚を感じる共感覚に似たものとして「会った人に色を感じる、または見える」というケースがあります。これは書記素色覚や色聴よりもあとで露出してきたものですが、私の調査では日本人にかなりこのタイプはいます。

SNSで「共感覚」のハッシュタグを立て、共感覚を自覚する人を募ってアンケートに回答してもらったり、知り合いの共感覚者に実見またはアンケートを送ったりして、「何に対して色を感じるか」を調べた結果、「他者」すなわち今まさに自分が対峙している人、自分が視認している人に色を感じるという回答は、書記素色覚や色聴と同じくらいありました（回答してくれた年齢層は主に十代後半から五十代。これはSNS利用人口の多さに関連）。

もっとも、書記素色覚や色聴を合併している人も含まれるので、単純に「何々のタイプの共感覚者が多い」と括るのは適切でないのかもしれません。

こうした「人そのもの」や「人の性格・感情」に色を感じる共感覚を、私は「対人色覚」と呼んでいます。このタイプの人は、自分の感情にも色や形を感じる（実際に視界に現れることも）という感覚を持っていることがあります。私の調べた限りでは、対人色覚のある人のうち約七割が、自分の感情にも色を感じると述べています。

色のほかにも、相手に音楽や風景、形や味などを感じる人もおり、対人色覚を含めた総称として本書では「対人共感覚」と呼ぶことにします。

オーラの正体は「プロジェクター型対人色覚」？

対人色覚からよく連想されるものに「オーラ」がありますが、共感覚研究ではオーラと共感覚とは分けて扱われることが多いようです。

オーラは今のところ「生物が放散するエネルギー」とされ、オーラが見える人にとってそれは、生物の状態や感情によって見え方（色など）が異なるものだそうです。

オーラにはスピリチュアルなイメージがあるため、娯楽番組で扱われることがよくあります。オカルトブームの時、オーラが見える人がテレビに出て「恋をしてる人のオーラは華やかなピンク」「死期が近い人のオーラは闇のように黒い」などと言っていました。恋がピンクで死が黒とは随分と「そのまんま」ですが却ってテレビ的には受け、同時に軽薄な印象もついてしまって、今では多くの人がオーラを恋占いの延長のような「私のオーラは何色かしら」くらいの感覚で捉えています。

片や共感覚は科学的に研究が行われているので、オーラとは区別されることが多いようです。

また、共感覚者が「人」に感じる色はテレビ的なオーラのような「そのまんま」の色でないことのほうが多く、私の場合も人の悪意を鮮やかな色（警戒が必要なためか）、喜びを暗い色で感じるほどアベコベです。なので、テレビのオーラはここでは除外して考えます。

私は案外、昔からオーラと呼ばれてきたものの何割かは、共感覚なのではないかと思っています。なにしろ共感覚の様態を言葉にするのは難しいので、「オーラが見える」としか言い表せなかった対人共感覚者はかなりいるはずです。「会っている相手の、体外に出ている意識」を自分の意識がキャッチし、色として知覚する共感覚がオーラの正体なのではないでしょうか。

天使の輪、天女の羽衣

私は人に色を感じるとき、書記素色覚と同じようにホワン……と心に浮かぶのですが、共感覚者によって感じ方もいろいろです。

目の前の相手の身体に色の輪がかかっていたり、色の帯が身体にまつわりつくように感じる人もいます。あるいは、感じるのではなく、実際の視覚として見えるケースもあります。「相手に色がついて見える」「相手の背景に色が見える」などです。

「感じる」「見える」の中間として「相手のまわりにぼんやりとした霧状の色が見える」という人もいます。これらは、実際に目は色を見ていないものの、脳によって「肉眼視した」と知覚させられているのです。

このように人に色を「感じる」タイプと、視覚として「色がついて見える」タイプ、それから「霧状に色が見える」タイプの三通りがあるのは、書記素色覚に「アソシエイター型」と「プロジェクター型」、そして「イリュージョン型」の三つがあるのと同じことでしょう。

霊や神、妖怪などを「見た」という人は、身体の外に出ている他者の意識を感じ取り、プロジェクター型やイリュージョン型で「見えている」のではないでしょうか。そして、アソシエイター型で意識をキャッチする人は「目では何も見えないのに、確かに何かがそこにいる」などと感じており、これは色文字が心に浮かぶのと同じタイプに分類できます。

体外に出ている意識を感じ取るというと、何かとんでもないことのように思えますが、文字や音楽に色や形を感じる（見える）共感覚と基本的には同じ知覚なのでしょう。

アの字を見ると赤か緑色を感じやすく、ウという音声を聞くと青色を感じやすい（誰もが持つ共感覚）のと同じように、遊離した他者の意識をたいていの人は「白っぽい光」として感じやすく、それが霊や神として認識されてきた可能性があります。

結局は、キャッチしたものを「脳がどのように翻訳し本人に認識させているか」によって、さまざまな形に見えたり感じられたりしているだけです。

そして、昔の人がこうした共感覚（霊視も含む）を描いたと思われるものは世界中にあります。日本人にも親しみのあるものとして、

●天女の羽衣

●天使の輪
●如来や菩薩の光背
……などがあります。

それらの姿は、現代の対人共感覚者が見ている・感じている姿（相手に色、背後に輪、まつわりつく帯）などと非常に似ています。

「羽衣には重さがない」という設定が示すもの

情報ツールが少ない時代の人々は、意識伝達手段として共感覚が強かったと思われます。それゆえ、現代よりも多くの人が体外に出ている意識群を「色や帯、輪、音」などとしてキャッチし、羽衣をまとう天女や、背光を放つ菩薩の絵として描いたのでしょう。

私はイラストを描くので、彼らの気持ちはよく判ります。絵を描くのが好きな人は、少しでも非日常的なものを感じたら間違いなく描きます。

アソシエイター型で「実際に色が見えているわけではない」場合も、色を付けて描き、自分の感じている世界を少しでも多くの人に知ってもらおうと努めます。ましてプロジェクター型やイリュージョン型で、実際に肉眼で見えた（と脳によって思わされた）ならば、なおさらこれは描きます。

まえがきでも少し触れましたが、物心つく前の男児や、一部の成人男性が持っている共感覚に「排卵感知」があります。排卵期の女性の背景に色が見えたり、光や花の帯が身体にまつわりついて見えたりするというものです。

これを共感覚にカテゴライズするかどうかは、まだ議論の余地がありますが、感知の様態が対人色覚にとてもよく似ているため、私は共感覚として扱っています。

言うまでもなく、排卵日は受精確率の最も高い日です。なので、排卵感知共感覚は、種《しゅ》の存続を願う生殖本能の名残りと考えられ、脳が「最大級の美しいもの」として感知・記憶するでしょう。

ですから、絵心のある排卵感知者なら、これを描かないはずがありません。実際に彼らは旺盛に描きつづけ、たくさんの作品を世に送り出したため、それが仏教に取り入れられて天女の衣装になったものと思います。

仏教で天女は「天人」(天に住む神)であり、排卵感知共感覚を思わせるあの帯は「天衣」(または「纏衣」)といいます。インドではやや幅が太く、中国や日本では細長く描かれます。そして天衣は、重さがない奇跡的な物質であるとされています。

この「重さがない」という設定が、実に共感覚的で興味深いです。

共感覚のなかで過半数を占めるアソシエイター型(心に浮かぶ)ならもちろんのこと、少数派のプロジェクター型やイリュージョン型（視覚として見える）であっても、共感覚者はそれが「自分の脳によって作りだされた幻像であって、実在しない」ことを認識しています。

つまり、見えるけれども存在しないと判っているわけで、そういう絵師たちの共通した思いが仏教絵画に取り入れられたとき「天衣には重さがない」という設定になったと推察できるのです。

「重さがない」という概念が一番最初にあって、いつのまにか「それをまとっていれば宙に浮く」と拡大解釈されていき、結果的に「この衣装をつけた女性は天女で、天の世界に住んでいる」という設定になった……という推測も成り立ちます。

女性の排卵を感知する

排卵感知共感覚の存在が日本社会に広く知られるきっかけになったのが、共感覚者の岩崎純一氏の著書『私には女性の排卵が見える』（幻冬舎）です。非常に強い共感覚を持つ岩崎氏は、あらゆるものごとに対して色や音や位置など多彩な感知をしています。

共感覚は一つのものごとに対して、脳の複数の部分が作動する様態なので、強い共感覚を持つ人ほど多くの感知をします。『私には女性の排卵が見える』には、さまざまな共感覚の様態や、歴史の中にみられる共感覚的なものごとが記されていますが、多くの読者にとって最も印象深いのが、やはり「排卵が見える」ということだと思います。

成人男性で排卵感知をする人は少数ですが、物心つく前の幼児期ならば大抵の人が、身近な女性の排卵を共感覚的に知覚していた可能性があります。

幼児にはそれを表現するすべがないので、ジャーゴン（意味不明瞭な言葉。ジャルゴン）や特定の動作で「お母さん排卵期だね」と訴え、たまたまその関連性に気付いた母親が「うちの子は私の排卵期が判っているようだ」と周囲に漏らすケースが結構あります。

岩崎氏も同書の中で、二十人ほどの母親から次のような報告を得たと記しています。

「私の息子は女性の体や周りの空気に色が見えると訴えます。よく考えてみると、色が変わる周期が、ちょうど排卵や月経に重なっているのです」

また、岩崎氏は十代の複数の男性から「街行くあらゆる女性の性周期を色や音で感知できている」という話を聞いています。

私も、氏の著書を読んでから興味を持ち、「排卵感知をする子供の家族、またはそういう子供を知っている人」「成人後も排卵感知をする人、または幼いころに感知していた記憶がある人」をインターネットで募って実際に会ったり、メールのやり取りをしたりして話を聞きました。

すると、やはり「排卵期の女性に色や光が重なるか、帯状にまつわりついて見える（感じる）」、「排卵期の女性の身体そのものに色がつくか、光って見える（感じる）」という回答が多く、さらに詳しく述べられる人は「その光を見ていると自分も幸せな（プラスの）気分になる」と形容してくれました。

なので、これは私の取材後の感触なのですが、排卵感知は、物心つく前の男の子はもちろん、成人後に残っている人も実は結構いるのではないかと思っています。むしろ成人になったからこそ、幼児期よりも「異性の性周期について口にするのは恥ずかしい」という感性がつくので、その能力を自分だけの秘密にしてしまうケースが多いのではないでしょうか。

ちなみに岩崎氏は、自身による女性の性周期感知を、同書のなかで次のように述べておられます。

> ある女性は、排卵日前後だけ、全身が「桃色の味を触った感じ」になる。ある女性は月経期間中だけ、全身から「薄紫色のさざ波のような匂い」がする。
>
> 色や音や匂いや味や触感と言っても、眼球で見る色でも耳で聞く音でもなく、私の体全体、肌全体で見ているそれらだとしか言い表しようのないものなのだ。

また、閃輝暗点《せんきあんてん》（視野にキラキラした模様が現れたり視野が狭くなったりする症状）も、排卵中や月経中の女性のそばにいると知覚する、と述べています。そして、排卵や月経を感知して閃輝暗点が起きると、見えているものは美しいのに肉体的にはかなり消耗し、学校の保健室で寝込むほどの頭痛に襲われていたと記しています（二一歳頃から体調コントロールがある程度できるようになり、今では軽減しているそうです）。

野生の生殖能力の名残り

共感覚は中等程度以上の哺乳類が生存のために持っていて、人間もうっすらと持っているので、これが野生から受け継いだものであることはほぼ間違いありません。

中でも排卵感知は野生動物の生殖のための能力として、かなり判りやすいと思います。排卵期は受精確率が高く、子孫を残していくために野生動物のオスはそれを感知しなければなりません。

もともと野獣は、群れを作るタイプを除くと個体同士が出会うことは稀です。にもかかわらず、排卵日という「特別な日」にきっちりオス・メスが出会って交接する必要があります。そのためには、メスはあらゆる手段を総動員して「きょうは排卵日だ！」と訴えます。身体の一部の色や鳴き声が変わったりします。また、研究途上ではあるものの「フェロモン」という物質がオスに生理周期を伝えているともいわれます。

しかし、それらはオスが至近距離にいなければ役に立ちません。なのでメスは、距離を超えて相手とクロスできる「意識」を使って、オスに共感覚的なビジョンを見せ、自分のそばに引き寄せているのではないでしょうか。

人間の排卵感知共感覚者は、排卵期の女性を見たとき、花やきらめき、小鳥のさえずり、せせらぎの音などが見えたり聞こえたりします。これは生殖本能が、脳のライブラリーから「美しい、心地よい」ものを選び出し、共感覚ビジョンとして見せ、共感覚サウンドとして聞かせているのでしょう。

野生動物には「花は美しく、小鳥の声は心地よい」などの感性がないので、排卵期のメスを見たときどんなビジョンになるのか不明ですが、言葉や文字を持たない彼らは人間以上に共感覚を利用しているので、何らかの「心地よいもの、気分を高揚させるもの」が見えたり聞こえたりしているはずです。

対極にある「死期に近い人の影が薄い」

排卵感知を生命の継承のための感覚とするなら、その対極にあるのが「他者の死期感知」です。

「影が薄い」という言葉が最近では「存在感がない」「忘れられている」といった意味に使われますが、一昔前までは、突然の訃報を聞いたとき、「どうも最近あいつの影が薄いと思った」というふうに使われていました。

死期が近くなると身体を形づくっている素粒子の密度が疎になって、光が透過してしまうので影が薄くなる――と推測するのはロマンチックすぎる気もしますが、可聴域の外の音を聴ける人がいるのと同様、可視範囲外の物理的変化を捕捉できる人がいるのかもしれません。もしくは、素粒子密度の変化を眼が捉えたのではなく、脳が共感覚的に変換しやすい――排卵期の女性に光の帯を見る人が多いとか、「ア」の文字に赤か緑を感じる人が多いことと同じように、脳が「死期の近さ」をキャッチすると「薄い影」に変換しやすいのかもしれません。

なにしろ、私たちが見ている世界というのは脳によってかなり補正と編集がなされており、本来はこんなにくっきり見えているわけではないのです。右目と左目は別の角度からものを見ており、それを脳がひとつの画像に編集して立体感や遠近感を得ています。歩いているときなどは風景がスムーズに流れますが、実際には眼球が緩急自在に動いてたくさんの画像を捉え、脳が滑らかな動画に作り直しています。

もし脳がこれらの作業をしなければ、私たちの目の前の風景はいつも二重で、しかも体を動かすたびに大量の静止画像がパタパタと去来することになるでしょう。

また、光を認識すると眼の瞳孔が開閉して光の入量を調整し、さらに脳がコントラスト補正や彩度補強を行います。そんな具合ですから、人の影も本当はあんなにくっきり見えていないのかもしれません。なので、「影が薄い」というのは「脳がそう変換した」というよりも、「死期が近い人の影は脳が補正しきれない」というべきかもしれません。

さきに述べた通り、現在では「影が薄い」という言葉が「存在感が希薄」というニュアンスになってしまいましたが、それでも今、死期が近い人に影の薄さを感じる人はいます。若い人の中にも結構いて、彼らは「水彩画のような感じ」とか「体が透けている感じ」などと表現しています。昔の人が「影が薄い」の言い表した感覚と同じものを感じているのだと思います。

そして、そういう人たちに「本当に透けて向こう側が見えたか」と尋ねると、たいてい「そうではなく、うまく言い表せないが、透けて見える感じだけがする」という答えが返ってきます。

また、「淡く光っているように感じる」という人もおり、詳しく尋ねるとやはり「そう見えたのかどうかよく判らないが、心に感じる」という答が返ってきました。

この「見えてないのに心にビジョンが浮かぶ、形容しがたい感じ」は書記素色覚や色聴、対人色覚などの共感覚と同じです。実際、私がさらに突っ込んで尋ねると、死期が近い人に影の薄さや光などを感じる人は、他の何らかの共感覚も持っていることが多いのです。

「線香」の本当の由来は？

似たものとして「死期が近い人は線香の匂いがする」というのがあります。私が子供の頃、複数の大人たちから聞いたことであり、かくいう私もそうです。

私は、ものごとに「匂い」を感じる共感覚はあまり持っていません。が、思春期ごろから重い病気の人をお見舞いに行ったときなどに、線香の匂いを感じた（嗅いだのではなく、共感覚的に知覚した）ことがかなりあります。

正確に言うと線香よりもほんのわずかに甘く苦く、ベタついた感覚のある匂いです。人の生き死にに関わることなので、はっきり記憶しています。

むろん、病人のそばで縁起でもない線香をたくこともあり得ないので、病人の寝間着や布団に線香の匂いがついていたとは考えられません。死期が近い人のそばに行くと、何らかのものをキャッチし、脳が「線香」に変換しやすい（アが赤か緑になりやすいのと同様）のかもしれません。

線香は仏教とともに大陸から渡来し、「四囲を浄化して荘厳な世界を作る」ことが目的といわれます。ほかに、俗説ですが「昔は遺体の保冷が難しかったので、その腐敗臭を消す役割があった」と推測する人も多くいます。

が、かつて私に「死期が近い人に線香の匂いを感じる」と話してくれたお年寄りたちは、線香の由来についても、これまた興味深い話をしてくれました。いわく、「死期が近い人に線香のような匂いを感じるから、昔の人はその匂いに何らかの意味があると考え、死後もその匂いが絶えないようにしたのではないか」というのです。

こうした推理はお年寄りたちだけでなく、少し前にテレビ番組で三十代くらいの女優さんが、全く同じことを話していたことがあります。また、私は東京に生まれ育ち、成人後は大阪で暮らしていますが、どちらの土地でも、この「線香の別由来説」を話すお年寄りがいました。

昔の人に比べ、現代人は共感覚が薄らいだとはいえ、死期が近い人の身体から出される未知のサインは、まだまだ受信できているようです。そしてそれは、共感覚的に「線香の匂い」や「影の薄さ」「淡い光」として知覚されやすいのでしょう。むろん、これは排卵感知以上に本人に言うのがはばかられることではあります。

ちなみにもうひとつ、強度共感覚者は他者の行動履歴をある程度感知できる場合があります。少し前の時間に相手が何をしたか、何を食べたか、どんな薬を服用したかなどです。相手の身体から何かの物質またはサインが出ていてそれを知覚しているのか、あるいは相手の記憶を読み取っているのか判りませんが、これも「文字に色」「影が薄い」と同様、対象物を見た瞬間に直感的に感知する共感覚的な様態です。

動物にみられる「仲間の死期予知」

人間ほど視覚から情報を得ていない動物、たとえば犬や猫なども、そばにいる親しい個体の死期を察知します。

ペットを飼っている人は、飼い主が何らかの発病をした時、まだ症状が現れていないにもかかわらず、明らかにペットがそれを察知していたという経験があると思います。複数のペットを飼っている場合は、飼い主の発病だけでなく、ペット同士でそういう感知をします。

人間より嗅覚が敏感だから死の臭いをいちはやく感じる、ということはもちろんありえます。が、高齢のペット……特に猫には、餌を判別できないほど嗅覚が衰える個体がかなりいます。

猫は人の五倍の速度で老化しますが、視力や聴覚が衰えていても家の中なので危険がなく、長生きしているケースが近年非常に増えました。私も嗅覚が人間以下になった老猫を二匹飼っていました。二匹はお互いに相手の体の不調をいちはやく感知して、「動物病院に連れて行ってあげて」とばかり、独特の鳴き声と仕種で私に訴えてきました。

そして、たとえば猫Aが猫Bの首の左あたりをさかんに気にしていたとすると、本当に首の左部に、外見からは判らないレベルの病変が見つかったりしました。人間に換算してオン年一〇〇歳以上で五感が衰えた猫が、臭いや音以外に何かを感じとっていたように思えます。

動物病院の待合室では、よく隣に座った人に「同じような現象がないか」と尋ねたりしましたが、やはり多くの飼い主が全く同じことを経験していました。

色と音で危機を察知する

さて、死期の察知からもっと身近な、いじめなど日常的に遭遇しやすい危機の察知に話を進めます。

既述の通り、共感覚は赤ん坊のころは誰もが持っていて、成長するに従い消えていくものと考えられています。

しかし、病気や怪我などで身体機能の一部が一時的に機能しなくなったとき、緊急避難的な自己防衛策として、それまで弱まっていた共感覚のレベルが強くなったという話も耳にします。

特にいじめやDV（ドメスティック・バイオレンス＝親密な関係にある人からの暴力）などのピンチに遭うようになった人の共感覚が、危機回避対策として強まったというケース。身体を守るため、脳がそのようなコントロールをしているのでしょう。

思春期以降にいじめに遭いはじめたBさんのケースをご紹介します。彼女は感受性が強いタイプで、芸術家肌です。彼女はいじめに遭うようになってから「周囲の空間の色の変化」「体感温度」「耳鳴りのような音」という三つの感覚で、身体に迫る危機をキャッチするようになりました。

例えば、暴力をふるわれそうになった時は空間が赤系統の色に見え、熱い温度を体感し、ブーンという低い音を感じていました。あざけりの感情を感知したときは空間が青系統に見え、冷たい温度を感じ、シューンというパソコンの稼働音に似た音が聞こえていました。危険度が高まると色は濃くなり、熱さや冷たさは増し、音も大きくなってBさんに危機を知らせていました。

そしてBさんの場合興味深いのが、危機が迫ったとき「実際に見える色」と「心で感じる色」の二つが存在することです。視覚的に空間が赤く見える危機切迫時、心の中では「周囲の色が黒くなっていく」のを感じていました。

Bさんはいじめを受けていた当時、その感覚が何なのか分析する精神的余裕がありませんでした。が、のちに「共感覚のひとつかもしれない」と思うようになりました。

彼女はそのように解釈できましたが、もし、警戒喚起として見えるものが何かのキャラクターだったり、胸のざわつきだったりすれば、まさにそれは昔から語り継がれる「守護霊」「何かを教えてくれる妖怪」や、「虫の知らせ」ということになるのだと思います。

ちなみにBさんは「身体に危機が迫ると色や音を感知する」という、直接的な危機回避共感覚のほかにも、いじめを受けはじめたとき書記素色覚も強まったそうです。Bさんの書記素色覚は、インクの色を超越して文字が共感覚色に見える「プロジェクター型」です。

彼女は、学校でいじめられ、精神的に疲れたときに文章を読んでいると、パッと文字が共感覚色に見えるようになりました。心のダメージがさらに大きいと、文字に一瞬色がついたあと、味、または温度を感じるようになりました。ダメージが最も深刻になり、死にたい・消えたいと思うほどになると、文字に色はつかなくなり、味と温度を強く感じるようになったそうです。

Bさんのようにいじめやに遭いはじめた女性が、それまで忘れていた書記素色覚が強まり、文字に色がつき始めるというケースは昨今しばしば報告されており、私はこれを仮称として「色彩への逃避」と呼んでいます。

脳が恐怖を処理しきれなくなったとき、何か別の感性を強めてそちらに気分を逃がす現象はよくあることで、殊に特定の「色」には一時的に心を和ませる効果もあることから、脳が書記素色覚を緊急避難として強めるのだと思います。

失明時に人の感情に色がつく

私もBさんと同じような、緊急危機回避として共感覚が強まった体験があります。

五〇歳のとき、視界が白濁する白内障にかかり、眼科医が「こんなに急速に進むケースは初めて」と呆れるほどのスピードで悪化しました。手術待ちの半年間、私は失明に近い状態で過ごしました。あまりにも進行が早かったため、「何も見えない」ことに対する生活上の訓練が出来ておらず、この期間は危険と隣り合わせの日々でした。

そしてこの期間の危機回避策として、脳は、私の若い頃に弱くなった対人色覚（人に色がつく）、および相手の感情を色で感じる共感覚をかなりのレベルまで復活させました。濃い霧がかかった状態の視野で、かろうじて人が目の前に立ったことが判ると、「その人そのもの」と「その人の感情」が色となって浮かぶのです。

もちろん、人の色といっても服装や肌の色とは関係ない「個人」につく色です（そもそも視力喪失によって服や肌の色は見えない）。感情の色も「どす黒い憎悪」のような文学的なものではありません。表情が見えないのに、心の中に「相手の感情」が色として感知できていました。

私は高校生のころまで、この感覚を持っていた記憶があります。が、加齢とともに薄れ、白内障にかかる直前にはほとんど感じなくなっていたので、この臨時強化には結構驚きました。妙な形容をすれば、懐かしささえ感じてしまいました。

この、見えない相手を識別したり感情に色がついたりする共感覚のおかげで、私は手術待ちの期間を安全に過ごせました。そして手術で視力がよみがえった今、この感覚は弱まりつつあります。肉眼で相手の容姿を見て誰であるかが判りますし、表情を見て相手の喜怒哀楽も読み取れますから、脳が「この共感覚はもう不要」として、元通りの低位に収めていっているのでしょう。

相手が自分を何色で見ているかが判る

この対人共感覚が強まっていた時期、ちょっと面白いことがありました。視力回復後もしばらくその感覚は残っていたので、「今のうちに」とばかり、私は複数の強度共感覚者に会ってみることにしました。すると「相手そのもの」と「相手の感情」に色がつく以外にも、「相手が私をどんな色に感じているか」が判ったのです。

この時期に会った共感覚者は四人で、その四回とも「彼らが私を何色に見ているか」を感知できました。もちろん、紺や青緑色など、人によって「私に感じている色」は違っています。

眼の手術から四年が経った今では、対人共感覚も低位となり、もうそんな感知はできません。なのであの時期「相手が自分に感じている色をミラー的に感じ取れる」ことを実験し、こうして記録できたのはかなりラッキーだと思います。

もしかするとミラータッチ（59ページ）などの、共感覚者によくある現象の謎を解くカギ……ひいては「意識が外に出て何らかの仕事をする」ことの、ひとつのヒントになるかもしれません。

第四章　共感覚と「夢のクロス」

霊的現象は共感覚の先にある

共感覚は単に「文字に色や、音に味を感じたりする」現象にとどまらず、まだ解明されていない不思議なことにつながっています。その輪郭が、前章の排卵感知や意識感知などからお判り頂けたと思います。

あのような現象は未解明とはいえ、しかし目の前では確実に現象が起こり続けている状態です。

共感覚は人それぞれで、強い人もいれば弱い人もいます。そして、霊的な不思議現象は、強い共感覚者ほど多く体験しています。

これは「共感覚が強い人ほどリアルな夢をみやすい」という、ごく判りやすい相関と同じことだと思います。文字に色がついたり、夢を見たりすることは科学的に解明されているものの、その先にある霊的にものがまだ判らないというだけのことで、いずれは神経現象、電磁的現象として説明がつくようになるはずです。

むろん「思い込み」であるとして疑う人はまだ存在しますが、ついこのあいだまでは色文字共感覚だって信じてもらえませんでしたし、いまなお精神医学に携わる専門家の中にさえ「錯覚」「嘘をつく病気」と宣告する人がいます。そういう懐疑の視線を浴びながら、共感覚は現象がどんどん露出しつづけ、科学が後追いする形で解き明かされてきました。

神経現象として同一線上にある他の不思議現象も、社会の高度情報化、ことにＳＮＳ利用人口の増加に伴う「現象の露出」の急増によって次第に解明されていくはずです。

カギはアジアが持っている

昔の日本人は「霊魂」「生まれ変わり」「夢のお告げ」「神様」といったスピリチュアルと、「共感覚」とを特に区別していませんでした。「意識は体外に出て仕事をし、死後も残る」ことや「波長の合う人とは夢で出会えたりする」ことに、経験則的に気づいていました。

しかし現代、この分野の研究は欧米のキリスト教圏が優勢です。

私は無宗教で、そのぶん子供のころからお寺も神社も教会も、無分別に訪ねて親しんでいるので、キリスト教そのものを批判するつもりは全くありません。が、共感覚や霊的な分野の研究には、キリスト教はやや不向きな面があるように思います。

欧米にはキリスト教による「唯一絶対神」「人間は神が作った不完全なもの」という概念が定着し、既に精神的風土となっているので、研究者たちもどうしてもその感性でものを考えてしまうらしく、「共感覚」と「神や霊」を区別しがちなのです。

共感覚も神も霊も、格別に区別することなく捉えていた昔の日本人、アジア人のほうがこの分野に関しては思考が自由で、研究にも有利です。

ところが、欧米型の研究学説を日本は無防備に取り入れる傾向があり、実際、今の日本では「共感覚」と「霊的現象」とが別々に研究されています。せっかくこの二つが同じものだとする風土があるのに、もったいない気がします。

加えて、日本ではどうも共感覚研究に予算がつきません。しかし、ひたむきな研究者は自腹を切り、さまざまな人に会いながらデータを採りつづけて研究を進めています。

日本はアジアの中で共感覚研究の先鞭をつけた国なのです。今、ＳＮＳでは日本人の書記素色覚者のカミングアウトが、中国・台湾や韓国では色聴者のカミングアウトが急増しています。ごく最近、ベトナムの書記素色覚者による色文字一覧表もネット上にアップされました。

未来に向かって日本とアジア各国が手をたずさえ、伝統の中にあるたくさんのヒントを手がかりにしながら、共感覚研究の地平をより大きく開拓していくことを私は夢見ています。

共感覚者と「夢」

昔の人は夢についての関心が高く、国内外とも夢を扱った民話や風習などがたくさんあります。

日本では獏《ばく》という空想上の動物が悪夢を食べてくれるとか、*Ⅰ 西洋ではメアという悪魔が悪夢をもたらすなどの伝説がよく知られています。

が、そうしたファンタジー的なものよりも、「厄災の接近や遠くの肉親の緊急事態*Ⅱを夢で知った」など、妙に実用的で生々しい言い伝えのほうが多く、リアル夢の一部は魂の遊離（後述。体から離れた意識がものごとを探索して夢として知らせる）という仮説を裏付けている感触があります。

日本の古人、そして現代でも海外の山岳少数民族や、アフリカの都市化されていない地域の住民などに、夢の内容で翌日の行動を決めたり、村人が集まって夢の発表会をしたりする習慣が数多くみられます。おそらく彼らが普遍的に、夢につながる共感覚を持っていた（いる）からでしょう。

現代の日本でも共感覚者が集まって会話すると、たいてい夢の話題が出ます。

共感覚者は非常にリアルな夢を見ます。空を飛んでいたり瞬間移動できたりと、ストーリーそのものは突飛であっても、そこに存在する物の形や色彩、音や味や匂い、肌ざわりや痛みなどがすべて覚醒中と同じ感度でリアルなのです。*III

また、見ている時間が長いのか、それとも短時間に長大なストーリーを圧縮して見るのか、どちらなのかは判りませんが、ドラマチックに起承転結する一大感動巨編を見ることもあります。自分の人生ドラマ（過去の思い出をまず見て、それが未来の仮想人生につながり、臨終まで）を見る人もいます。

劇中劇ならぬ「夢中夢」も、共感覚者同士で話すと見る人が結構います。三つ重なった「夢中夢中夢」を見る人もいます。冗談のような話ですが本当で、私は少し前、無限に重畳する「夢中夢中夢中（中略）中夢」を見て冷や汗をかきました。

夢の中で夢を見られることを調子に乗って楽しんでいたら、勢いがついてどんどん重なっていき、いくつ目の夢なのか判らないほど入り込んでしまいました。さすがにまずいと思い、普段の覚醒操作をしましたが、覚めても覚めてもずっと夢で、いっこうに現実世界に戻れません。このまま覚醒できなかったらどうなるのだろうと本気で恐怖し、滅多に使わない非常用強制終了（確実に覚められるがひどい眩暈《めまい》や頭痛に襲われる）をかけてどうにか目覚めましたが、全くもって生きた心地がせず、夢を弄ぶものではないと自戒しました。

＊Ⅰ　夢伝説の獏は、元は中国の伝説にあって、象・サイ・牛・虎・熊のそれぞれの特徴を具有するキメラ的な姿をしており「病気や悪夢を祓う」とされる。日本に伝わってから「悪夢を食べる」に変わり、最近では「良い夢を食べて悪夢にしてしまう」という変種が語られることもある。

＊Ⅱ　昭和時代に入っても夢によって災害の接近や、遠くに住む肉親の想いを知ったという事例は継続して存在し、松谷みよ子氏らは全国で聞き取りを行なって『現代民話考　4』（筑摩書房）にまとめている。太平洋戦争のような人心が極限となる異常事態下ではそうした告知夢は特に多く発生。遥か遠くの戦地にいる肉親が救いを求めている夢を見たら、まさにその日に戦死していたことを後日知らされたなど。他にも同書には、夢の中で（または覚醒中に）魂が抜け出して飛遊し、第三者が火の玉や煙状のものとして視認している近代の事例も記録されている。

＊Ⅲ　私が中学にあがるころ（一九七〇年代半ば）まで、当時の言葉で「気ちがいは色付きの夢を見る」と言われていたのは間違いなくこれである。周囲の大人たちがごく普通に口にしており、彼らが育った戦前は共感覚者などのように感受性が高すぎて協調性を欠く者は「気ちがい」扱いであった。また、同時期に「紫色が好きな人は気ちがい」との謂いもあり、これは抑圧された生育歴を持つ共感覚者、および被虐体験により共感覚が生じるようになった人が嗜好する色に、私の取材結果では高彩度中間色（特に紫と赤紫）が有意に多いことと関連があるかもしれない。

黍《きび》が炊ける間に見た壮大な人生ドラマ

さきほど夢で自分の一生を見ることがあると書きましたが、そのような夢を物語にしたものとして、中国唐代の歴史家・沈既済《しんきせい》の『枕中記《ちんちゅうき》』が有名です。日本にも伝わり「邯鄲《かんたん》の夢」「黄粱の一炊」などという名前で知られている話です。

これは小説であり、主人公の盧生《ろせい》は架空の人物とされています。

しかし、この小説のはしばしには共感覚者がよく見るリアルな夢や、不思議の国のアリス症候群（AIWS）を思わせる表現があります。

日本も中国も、昔の人々は普遍的に共感覚を持っていたと考えられるので、作者の沈既済もそうした自分の感覚を活かしてこの小説を書いたのかもしれません。逆に、共感覚やリアル夢、AIWSを多くの成人が忘れてしまった現代では、このタイプの物語はどうも書けそうにないように思います。

枕中記は、おおむね次のような話です（『中国古典小説選5　枕中記・李娃伝・鶯鶯伝他』（竹田晃・黒田真美子編／明治書院）を参考に要約）。

開元七年（七一九）、神仙術を修得した道士・呂翁が、邯鄲（河北省）へ行く途中、旅籠で一休みした。すると、粗末な着物を着た盧生という青年が入ってきた。盧生は呂翁と和やかに談笑したが、しばらくすると「俺は高官になりたくて学問に精進したのに、三〇歳になる今、まだ畑仕事にあくせくしている、それがつらい」と嘆いた。

このとき、旅籠のあるじは黍を蒸そうとしていた。

呂翁は袋の中から枕を取り出し、盧生に「この枕で眠れば、願いどおりの栄達が叶いますぞ」と言った。枕は青磁で、両横に穴があいている。盧生がうつむいて枕に頭をつけると、両横の穴は次第に大きくなり、広々と明るくなってきた。盧生はその中に体ごともぐりこみ、そのまま自分の家らしいところに着いた。

その後数か月して、盧生は名家の令嬢と結婚した。役人になるための試験「科挙」にも合格し、どんどん出世して、ついに都の長官になった。しかし、盧生の清廉さが宰相のねたみを買い、根も葉もないことで中傷されて、端州（広東省）に流されることになってしまった。

三年後、再び盧生は都に召され、今度は帝を補佐する要職に就いた。だがこれもまた同僚のねたみを買い、でっち上げの罪を着せられた。役人たちが盧生を逮捕すべく自宅に押しかけてきた。

盧生は恐れおののき、妻に向かって言った。

「俺は田舎で広い田畑を持ち、家もあって、飢えや寒さをしのぐのに充分だったのに、なぜあくせくと仕官しようとしたのだろう。今こうなっては、あのころの質素な暮らしに戻りたくとも出来ない相談だ」

そう言うや、盧生は刀で自殺しようとしたが妻に止められた。宦官がかばってもくれ、死罪を軽くしてもらえて驩州《かんしゅう》（ベトナム）に流された。

数年が経ち、帝が盧生の無実をさとったために、彼は高官に復帰できた。その後盧生には五人の息子ができ、全員が出世して高貴な娘と結婚した。そして盧生にとっての孫が十人できた。

盧生が年衰え病に伏すと、宦官がひっきりなしに見舞いに来て、名医が診察し、あらゆる高価な薬が与えられた。

だが臨終に及ぶと彼は次のように上奏した。

「私は本来、畑仕事を楽しみとする書生でした。たまたま官僚になれましたが、実力以上の地位に就いたため、天子さまに害を及ぼさないかと薄氷を踏む思いで心配が尽きず、連日恐れ謹んでばかりで、自分の老いに気づきませんでした。今八〇歳を超えて死を待つばかりです。天子さまの徳に何一つ報いることができないままこの世を去るのは、後ろ髪を引かれる思いです。謹んで謝罪します」

この言葉に対し帝は盧生を労い、彼の功績を高く評価した上、病状に同情して励ました。だがこの日の夕方に盧生は亡くなった。

……というところで、盧生はあくびをして目を覚ました。枕の穴に入り名家の令嬢を娶《めと》るところから夢だったのだ。

あたりを見回せば呂翁がそばにいて、旅籠のあるじはまだ黍を炊いている。黍が炊けるまでのわずかな時間に、壮大な人生ドラマを見たというわけだ。

呂翁は「望みどおりの人生も、こんなものさ」と言った。盧生は「なるほど、気に入られたり退けられたり、出世や左遷、成功と失敗……実情をすっかり知ることができました。先生はこの夢で私の欲望を抑えようとなさったのですね。お教え、謹んで授かります」と礼を述べた。

——以上、私が要約した『枕中記』の内容です。現代ではただの夢オチ小説として捉えられそうですが、リアル夢に悩まされる共感覚者諸氏は「このストーリーは典型的だなあ」と思われることでしょう。

人生モノのリアル夢は往々にして起伏が激しく、幸せの絶頂にあったかと思うとどん底に突き落とされ、がんばって這い上がって再び楽しい暮らしを送るも、またもや罠にはめられて零落する……ということを何度も繰り返します。リアル夢を見慣れてしまうと、何か「あとで絶望するための幸福」に思えてきて、楽しいシーンでも身構えながら見るようになってきます。

盧生は夢の中で出世したかと思うと、周囲にねたまれ罵られたり、冤罪を着せられ自殺しかかったりしますが、これはリアル夢の典型です。また、呂翁が差し出した青磁の枕は両横に穴があいていて、盧生が頭を載せると、その穴がどんどん大きくなり、ついに盧生は自分の体ごと枕の穴に入っていくのです。

この感覚は不思議の国のアリス症候群に酷似しています。

こうしたことが指し示すものは、「書き手も読み手も、こんなリアル夢やＡＩＷＳをよく経験する人々であった」ということです。

「枕中記」は、現代では「古典だから面白いと思える」という捉えられ方であって、いまどきの小説家がこのような内容を書いてもおそらく受けないでしょう。それは文学のレベルが進化したからではなく、現代人とは感覚そのものがずれてしまっているからです。

架空小説とはいえ、いつの時代も「あるある感」は必須で、それがないと読まれません。枕中記のリアル夢や、枕の穴が巨大化して自分が入っていく感覚は、そのときの庶民にとって「そういうことってあるある！」という感じだったのでしょう。

ＡＶ機器のような操作ができる「明晰夢」

共感覚の強さと夢のリアルさは比例するようで、強い共感覚者は「夢であることが判っている夢」を見ることがあります。

リアル夢のなかでも特に高感度かつ情報量が多いタイプで「明晰夢」と呼ばれています。ＤＶＤプレーヤーのように巻き戻しや早送り、一時停止の機能が付いていたり、ときには夢の途中で意図的にストーリーを変えてしまうこともできたりします。操作可能というと楽しそうに思われがちですが、多くの共感覚者が「重苦しさ」や「不吉感」を訴えます。

私の場合もそうで、幼いころから見事、毎晩悪夢です。たとえ楽しいストーリーであっても暗く不吉な雰囲気が漂っていて、しかも五感全てが覚醒時と同じ*なので脳がちっとも休めておらず、覚醒時にはへとへとに疲れ切っています。「ああ疲れた、起きて少し休もう」という矛盾した気分で、何のために寝たのか判りません。

またどういうわけか、夢の中で出会った人からクイズを出されることがよくあります。一生懸命に考えて答えが出せないと、相手に「ごめんなさい、起きてから考えます」と言って目覚めます。

これがまた不思議なことに、起きているときに考えつくクイズよりもはるかに難しいことが多く、解くのに一日かかることもしばしば。日中から夕方にかけ考え続け、夜になってやっと解答がみつかったりします。

しかし、いくら明晰夢でもさすがに出題者に再会することは難しく、正解を報告できないのが惜しい点です。

＊ 現実の事象を感知する五感が生きているのではない。すなわち、夢を見ながら布団やシーツの手ざわりを感じたり、寝室の中の音を感じるのではなく、「夢の中における自分の五感が覚醒

時と同じレベル」ということ。夢の中で食事をすれば、食堂の中の光景、店内のざわめき、料理の匂いと味、食器の手ざわり、食べ物の噛みごたえなどを覚醒時と同じ感度で知覚する。情報量が多すぎると動画の速度低下や省略、ループなどがはじまり、ついには覚醒してしまうあたりパソコンと似ている。

夢の中の共感覚少女

明晰夢の中で不思議な女の子に出会ったことがあります。私と同じように強すぎる共感覚に悩んでいる子です。セミロングの黒髪のおとなしそうな中学一年生で、言葉遣いがとても端正です。

春先の花粉飛翔期で、私は顔の皮膚がボロボロに荒れていました。なので、少女に余計な心配をかけまいと「これはただの花粉症で、感染しないから安心してね」と声をかけました。すると少女はウフフと微笑み、「感染するとかしないとか、そんなの関係ありません。だってこれ、夢がクロスしてるだけですから」と答えました。

本書で私が「夢クロス」という語を便利に使っているのは少女のこの言葉がきっかけです。夢の中とはいえ、私は自分と同じレベルの共感覚者に会えた嬉しさにはしゃいでしまいました。

そして閑静な街角のカフェに入り、この漢字は何色、この音はどんな感触などと無邪気な会話を楽しみました。

「僕がきみのことを何色に感じているか判る？」と問うと、少女は「梨の色！」と即答しました。これは当たっていました。

「遠森さんも当ててみて。私が遠森さんを何色に感じているか」

「濃い緑でしょ」

「当たり！」

他愛ないやりとりをひとしきり楽しんだあと、少女はこんなことを言いました。

「遠森さん、世間の感情を浴びてつらくなりすぎですよ、共感覚者はおうちで静かに本を読んでればいいんです」

「はい、どうもすみません」

「ちゃんと共感覚の調べ物はしていますか？　原稿も進んでいますか？」

「はい、ぼちぼち……」

私より四〇歳ほども年下なのに、ずいぶん大人びた言葉遣いがむしろ可愛らしく思え、私は間抜けな答え方をしました。

すると突然、少女はふさぎ込みます。

「どうしたの？」と尋ねると、彼女はそれまでのおとなしさとは打って変わり、パニック状態になって私を罵り始めます。

「何よ！　私の心なんか判らないくせに！　＊＊＊＊＊！」（聞き取り不能）

突然の変貌に私はオロオロしながらも、「この子も共感覚者独特の強い感受性に翻弄されて心を病んでいるのだな」と思い、懸命になだめます。

しばらくすると少女のパニックは収まり、泣きながら「ごめんなさい！　ごめんなさい！」と必死に謝ります。私は「帰って休んだほうがいいよ」と言い、会計を済ませて一緒にカフェを出ました。

外はイチョウ並木の道。別れぎわに私は念のために訊いてみました。

「お医者さんにはかかっているの？」

「はい……双極性障害だと診断されています」

「えっ、双極性？　ふうん……僕もうつと強迫神経症で精神科に通院してるけど、お互い治療はきちんと続けようね」

「はい」

「じゃあ、月並みなセリフだけど、また夢で会えたらいいね」

そう言って私は少女に手を振り別れました。病名が少し引っかかったものの、後味は悪くない出会いでした。午後の木漏れ日がさすレンガ敷きの道を歩きます。そして、夢が長引いたときにいつも探す「立ち位置の右斜め下の通常覚醒」を今回も探してたぐり寄せ、夢疲れとともに目覚めました。

その後、私はその少女の病態が妙に心配になりました。このときの私は双極性障害について、その名前をぼんやり知っているだけだったのです。

目が覚めた後に調べてみて、それが昔でいう「躁うつ病」であることが判りましたが、しかし、それでも私はまだ「何日もうつ状態が続いたのち、少しずつ躁状態に移行する精神疾患」と思っていました。ですから、穏やかに話していて突然激昂し、また元に戻ったあの少女が自分で「双極性障害」と言っていたのがどうも腑に落ちませんでした。

ところが数日後、旧知の友人で精神科医をしているC氏と会食することになり、その話をすると、双極性障害には「混合状態」というのがあることが判ったのです。

それは、突然高圧的になって人を責めたかと思うと、すぐに後悔して謝ったりする様態だそうで、まさに夢の中の少女そのものでした。そして、C氏は妙に目を輝かせ、こんな話をしてくれました。

「僕が診ている双極性障害の患者さんにも、そういう混合状態のケースがあるよ。男の子だけど、遠森さんの夢の少女と同じ中学生。思春期は誰でも情緒不安定になるから、双極性の子も混合状態で発症することが結構あるんだ。そして、遠森さんの夢がもし意識のクロスによるものだとしたら実に面白い！」

まあ、旧友なので医師の立場を超えて言ってくれたのでしょうが、それでもどうやら、あの夢の少女のふるまいには整合性があるようです。

探偵や淡島神に頼んで再会を試みるが……

そんなわけで、その後の私は、彼女との再会を結構本気で試みるようになりました。夢を夢だと判って見ているため、たいてい探し物は都合よく見つかります。ところが、この少女にはなかなか会えません。他のものはどんどん出せるので、興信所を出して、どうせ夢なのでタダですから、優秀な探偵を総動員してもらい、二度にわたって捜索してもらいました。

二度目の覚醒寸前に「ようやく見つかりました！」という報告を受け、行ってみるとよく似た別人でした。夢のオーナーの私がひどい探し物ベタであるせいか、夢の中の探偵もあまり頼りになりません（腕利きを何十人も動員しているのですが）。

どうもこの件に関しては、他の夢のときと違い、状況が都合よく運びません。

三度目たるや探偵たちの行方さえ判らなくなる始末で、こうなると私本人もチャランポランになってきます。少女に再会したいのはやまやまなれど、少し面倒くさくもなってきました。

そして私は呆れたことに、興信所の近くに都電が走っていることにして、趣味の電車撮影を始めました。昔よく乗った懐かしい車種を自由に出せるので、これが実に楽しいのです。

都電を走らせてからというもの、町並みが最初のときとはずいぶん変わり、光化学スモッグの空の下にすすけたビル群が立ち並ぶ、昭和四〇年代の東京になってしまいました。ここまで乱してしまうと、あのイチョウ並木の洒落たカフェも消滅しているでしょうし、少女と再会できそうにありません。

江戸時代の江戸では、淡島神*にまつわる和歌の上の句を詠み、「何々の夢に連れて行ってくだされば下の句も詠みます」と言って眠ると、自分や他者が見た夢の続きに入り込めるという俗信があったそうです。

なので、これを使えば都電を出すより前の夢に戻れるかと思い、「われたのむ、人の悩みのなごめずば……」と淡島神の上の句を詠んでから寝てみました。しかし、夢はどんどん不可解な設定に暴走していくばかりで、ちっとも再会できません。

もう最近は「数年後、成長したあの子に会うのも悪くないか」と思うことにしています。私の夢としては、これほどコントロールが効かないケースも珍しいです。

この夢から半月ほど経ったある日、私は再びC氏と会う機会があり、その後の夢の「進捗状況」を話しました。

「なんだかオカルトっぽくて照れくさいんだけど、あの子と再会できたらいいなあと思ってるよ」と私が言うと、C氏は「会えるかもしれないよ！　遠森さん、都電なんか出さずにまじめに探してよ。そして会えたら出来るだけ、少女の個人的情報を聞き出し、僕に教えてね！」と身を乗り出して言いました。

医師、特に精神科医や臨床心理士など「こころ」と向き合う専門職と「あくまで個人的な話」と担保した上で会話すると、案外、超常現象に興味をいだかれることがあります。それも臨床経験が長い人ほど、そうした領域への好奇心が強いように思います。科学的なエビデンスは立てられないものの、現象はどんどん現出しているからでしょう。

私も、少女に再会できるかどうかはともかく、この夢は私にしては珍しく悪夢ではない楽しいものでしたので（情報過多で疲れましたが）、ずっと記憶しておきたいと思っています。

＊ 淡島神は和歌山市加太にある淡嶋神社が総本宮で、全国に神社がある。淡島神の歌は「われたのむ人の悩みのなごめずば世にあはしまの神といはれじ」（私を頼ってくる人の苦悩を解決してやれなければ、世の中で淡島の神と称されることはない）で詠み人知らず。この歌を詠んで夢の続きに入り込む俗信は、私は在京時代にお年寄りから実際に聞いたことがあるが、記録としては江戸古典落語の「夢の酒」のほかに見あたらず、噺家の創作の可能性もある。

魂が遊びに行っている

昭和初期までの日本には「眠っているときは魂が体外に出て遊びに行っている」という考え

方がありました。

特に、西洋由来の科学的概念が庶民に定着する以前――明治の中ごろまでは、かなり本気でそう信じられていたようです。

何となくファンタジーめいていますが、しかし、さきの「夢の中の少女」の体験や精神科医の話に照らしてみても、古人たちは案外、精神の謎をとく核心部分を見抜けていたのではないかと思えます。

私が子供のころでも、周囲のお年寄りのなかには当時の感覚を引き継ぐ人がいて「熟睡中の人をいきなり起こすもんじゃないよ」と言っていました。

体に良くないからか？と思っていたのですが、よく話を聞くと「魂が帰ってこられなくなるので危険」と大真面目に言うので、子供心にちょっと驚いた記憶があります。

そして、昔の人は現代人よりリアルな夢をよく見ていたようです。

前述の「淡島神の歌で夢を再訪」だけでなく、夢で会った異性に恋わずらいして抑うつを発症した場合とか、毎晩同じ夢で呪われる場合などの解除方法が国内外の民間伝承に残っており、中にはずいぶん残酷なやり方で夢の呪縛から解き放たれようとする方法もあるので、古人たちの夢の生々しさや深刻度がうかがい知れます。

むろん、リアル夢のすべてが魂の遊離によるものとは思いませんが、知らないはずのことを夢の中で知ったり、他の人の夢と合流したりするケースは、古人の言うように「魂が遊びに行っていた」状態で見た可能性があり、これはリアル夢のなかでも「夢のクロス現象」として特に注目されるべきでしょう。

現代より騒音や電磁波がはるかに少なかった時代、人々は遊離状態で見たものごとを細部にわたりはっきりと記憶していることが多く、不思議な夢の話として古典文学にいくつも残されています。

『今昔物語』に記録された夢クロス・一

たとえば、『今昔物語』の巻第三十一には、非常にリアルな夢のクロス現象が記録されています。

その中の二つを紹介します。『新編　日本古典文学全集38　今昔物語集（4）』（馬淵和夫校注・訳、国東文麿校注・訳／小学館）には現代語訳が付記されていますが、そのまま引用すると長くなるため主旨を要約します。

「常澄安永於不破関夢見語第九（常澄安永《つねずみのやすなが》、不破の関にして夢を見ること、第九）」より以下要約。

常澄安永という官職が、京のみやこに若い妻を残し、地方に長期出張した。何か月ものち、ようやくみやこに帰れることになった。

安永は帰り道、美濃国（岐阜県）の不破関に泊まった。彼は出張中、ずっと若い妻のことを心配していたが、この夜はひときわ妻恋しさが募った。

それで「いったい何ごとが起きたのか、夜が明けたら一刻も早く帰ろう」と思いながら関守小屋で眠りについた。

そして安永はこんな夢を見た。

――みやこの方角から、ひとりの若者が松明を持ち、女を連れてやって来る。何者かと思い、安永が様子をうかがっていると、二人は関守小屋のそばに来た。よく見ると、若者に連れられた女は、何と安永が気がかりにしている自分の妻ではないか。

驚く安永をよそに、女と童子は壁一枚隔てた隣の部屋に入った。

壁に穴があいていたので、そこから覗いて見ると、妻は鍋を取り出してご飯を炊き、若者と一緒に食べはじめた。

安永は「俺の留守中に妻はこの若者と夫婦になっていたのか」と胸がつぶれ、心乱れたが「まま よ、どうするか見てやれ」と思い、じっと二人の様子を見続けた。

すると二人は、食事を終えると抱き合って寝て性交に及んだ。ついに安永は我慢ならなくなり隣の部屋に飛び込んだ。するとそこには誰もおらず、明かりも灯っていない。

……次の瞬間、安永は目が覚めた。「なんと、夢だったのか」と思ったが、みやこで何ごとが起きたのかとますます気がかりになり、夜明けとともに出立した。

帰宅してみると妻には何ごともなく、安永はほっと胸をなでおろした。が、妻は笑みを浮かべながら、こんな話をした。

「私、昨夜こんな夢を見たわ。家に見ず知らずの若者が来て、わたしを連れ出し、どことも知れぬところに行きました。夜、明かりをともして、あたりの空き家に入り、ご飯を炊いて二人で食べたあと、若者と一緒に寝ました。そこで出し抜けにあなたが現れたので、若者もわたしも慌てふためき、そこで目が覚めました。あなたに何かあったのかと不安に思っていたら、こうしてあなたがお帰りになったのです」

それを聞いて安永が、不破の関で見た夢の話をすると、妻は不思議に思った。

夫婦が同時に同じような夢を見たのは驚くべきことだ。互いに相手のことを気がかりにしていたので、このような夢を見たのかもしれないし、あるいは魂が現れたのだろうか。[*I]

されば、旅に出るときは、たとえ妻子のことでも、やたら不安に思ってはならない。こんな夢を見ると、魂が消えるほどひどく心配でならないものだ。[*II]

――以上が私による要約です。

*I　原文では「亦《また》精《たましひ》ノ見エケルニヤ有ラム」で、「精神が行きかよって見えたのだろうか」と

現代語の注釈が付けられている。本書でいう「夢クロス」現象をこの時代の人も感じていたのであろう。

＊Ⅱ　原文では「極《いみじ》ク心ノ尽ル事ニテ有ル也」で、「精魂をすりへらすこと。気苦労をすること」と注釈がある。これも、リアル夢による精神のひどい疲れと全く同じ。

今昔物語に記録された夢クロス・二

次の夢クロス譚もかなり不思議な話です。これも以下、『今昔物語四』の現代語訳をさらに要約します。

「尾張国勾経方妻夢見語第十（尾張の国の勾《まがりのつねかため》経方妻を夢に見ること、第十）」から以下要約。

尾張の国（愛知県）に勾経方という人がいた。何ひとつ生活に不自由のない男で、本妻のほかに妾（原文『亦思フ女』）がいた。本妻は大変にヤキモチを焼き、経方がこっそり妾を訪ねるときには顔色を変え、心を乱し、ひどく嫉妬した。

そのうち経方は上京する用事ができた。明日出立という夜、ぜひ妾のもとに行きたくなり、矢も楯もたまらなくなった。しかし本妻の嫉妬が煩わしいので「役所がお呼びだ」と言いつくろい、妾宅に出かけた。

そして経方は妾と物語などして横になり、すっかり寝込んでしまった。すると夢の中に本妻が出てきて、こんなことを言った。

「まあ、おまえさんは何年もこんなふうに寝ていたんだね。これでどうして、やましいことがないなど言えたんだよ」

本妻はさまざまな悪口雑言を吐きつづけ、飛びかかってきて、寝ている二人を引き裂き、騒ぎ立てた。

そこで夢が覚め、恐ろしくなった経方は急いで妾宅を出て家に帰った。夜が明けて、上京のしたくをしながら、経方は「ゆうべは役所で仕事が忙しく、ろくに寝てないので疲れてしまった」と本妻に言った。

すると本妻は髪を逆立て、こんなことを言った。

「おまえさんは、なんとまあ面の皮が厚い人だこと。ゆうべ、あの女の家に行き、乳くりあって寝たそのときの、おまえさんの顔といったら、見られたものじゃない」

経方が「誰がそんなことを言ったのだ」と訊くと、本妻は「なんて憎らしい、私の夢にはっきり見たんですよ」と言う。

どんな夢だったのかと経方が尋ねると、「ゆうべ、きっと妾宅に行くに違いないと思って、それに合わせて私が夢であそこに行くと、おまえさんはあの女と何やかや話していた。それをよく聞いてから『まあ、おまえさんはここに来ないと言っておきながら、こうして共寝しているじゃないの』と言って引き離してやると、女もおまえさんも起き上がって大騒ぎをした。こんな夢よ」と言った。

経方はびっくりし、「では、そのとき、俺はどんなことを言ったのか」と訊くと、本妻は経方が妾宅で言ったことを一言も落とさずにスラスラと答えた。

それが経方が夢で見たことと少しも違わないので、経方は恐ろしいのを通り越して呆れるばかりだった。

心に強く思うことは、必ずこのように夢に見えるのである。*

——以上が要約です。

* 原文では「心ニ強《あながち》ニ思フ事ハ必ズ此《か》ク見ユル也ケリ」で、これも前の安永のケースと同じく、昔の人は「強く思うと夢がクロスする」ことを経験的に知っていたようである。
これと同じパターンの夢クロスの話は世界中にあり、しかもかなりリアリティのあるものが非常に多い。まさに、想いは夢を見ているときに遊離し、安永の話の注釈にあるように「精神が行きかよって見え」るのである。

世界各地で続けられる夢テレパシー実験

もちろん「夢のクロス」は、現象だけは古今東西にあるものの、まだ科学的に立証されてはいません。しかし、現在世界各地で「夢テレパシー」というものの研究が行われており、意義のある結果が出続けています。もしかすると夢クロス現象を解明する手掛かりになるかもしれません。

夢テレパシー実験については、明治大学・情報コミュニケーション学部教授で工学博士の石川幹人氏の著書『「超常現象」を本気で科学する』（新潮社）に詳しい解説があります。

以下、同書を参考に、海外で続けられてきた実験を二つ紹介します。

ひとつめは米国の精神科医で超心理学者のモンタギュー・ウルマン氏の実験です。ウルマン氏はテレパシーや透視などＥＳＰ（Extra-sensory Perception＝超感覚的知覚）が、夢の中に現れたイメージがもとになっていることに着目し、一九六〇年代にこの分野の新たな方向性を開拓しました。

実験はウルマン氏の勤務先である病院で行われました。思念の送信者と受信者を別々の部屋に入れ、受信者が眠り、夢を見る脳波になったところで、送信者がテレパシーを送ります。

これは八〜十二枚の絵の中から、無作為抽出した一枚をイメージしながら「送信の努力」をするというもので、どの絵を選んだかは送信者しか知りません。

送信後、約十分で受信者は覚醒させられ、第三の判定者に夢の内容を報告します。判定者はその内容と八〜十二枚の絵とを照合し、より近い順にランキングします（そのものずばりの夢を見るわけではないので、夢の内容の特徴を判定して、それに近い絵の順番を決める）。

その後、受信者は再び眠り、送信者は別の絵をイメージしてテレパシーを送り、受信者は夢を判定者に報告し……と、一晩に四、五回繰り返します。

夜が明けて、送信者は初めて送信内容を判定者に知らせ、受信者の夢の内容と照らし合わせます。この段階で「夢に近いランキング」の上位半分に送信した絵が入っていれば、実験は「成功」というわけです。

この実験は七年間で三七九回行われました。上位半分に入るか入らないかで判定するので、偶然成功する率は五〇%であり、結果はそれを上回りました。

しかし、何度も覚醒させられる受信者はもちろん、送信者も判定者も徹夜なので疲れてしまい、もっと効率の良い方法が考案されました。

それは送信者を人間ではなくコンピュータにしてしまう方法で、夜間、ランダム抽出した絵をモニターに表示するのです。そして受信者は「夢を覚えておくことが上手な人」とし、人数も複数にしました。彼らはコンピュータがある実験室から遠く離れた自宅で眠り、モニターの絵を夢の中で透視するわけです。

この結果はとても興味深いもので、送信者が人間ではなく、しかも距離が離れていたにもかかわらず、透視成功の確率は初期の実験（人間が送信する方法）と比べてもさほど減少しないことが判りました。

つまり夢を見ているあいだ、人は（特に夢を覚えているタイプの人は）他者からのテレパシーを受信するのではなく、自分から思念を外に出して対象物をキャッチしているらしいのです。

この夢テレパシーの実験は、のちに世界中で行われるようになり、ウルマン氏の初期実験も加えると二〇〇三年までに一二七〇回実施、透視成功率は五九％でした。先述の通り、偶然である確率が五〇％ですから九％の偏差であり、これは学術的に見て充分に有意差といえるものです。

「ガンツフェルト状態」における意識の送受信

この実験はのちに、さらに緻密な方法が開発されました。開発者はウルマン氏の実験スタッフだった超心理学者のチャールズ・ホノートン氏です。

彼は、受信者に睡眠してもらう煩瑣を省くため、覚醒中「夢見に相当する心理状態」に誘導する手法を編み出しました。これは、受信者を安楽椅子に座らせ、両眼に白い半球をかぶせて弱い赤色灯を当て、さらにヘッドホンで一定のノイズを聞かせ続けるというものです。弱い一定の刺激を与えるほうが、無音の暗闇よりも、人間は夢見に近い状態になるのです。

このような、意識はあるものの一定の刺激によって外的刺激が遮断された状態を「ガンツフェルト状態」といいます。ガンツフェルトとは「全体野」という意味のドイツ語で、視野全体が一様化していることからこう名づけられました。

実験では、送受信者それぞれが別の部屋に入り、受信者をガンツフェルト状態に導いたのち、送信者が絵を見ながらそのイメージを送ります。絵はコンピュータが四枚の中からランダムに選び、モニターに映し出したものです。

一方、受信者は夢見状態の中で、心に現れるイメージが送信者の見ている絵と一致するように念じます。

送受信の作業は一時間ほどで終わり、受信者は夢見状態で心に浮かんだイメージに近い絵を、四枚の中から選びます。それが送信者の見ていた絵と同じなら「成功」です。

この実験は一九七四年から三〇年間で三一四五回も行われました。そして、一〇〇八回の成功を収めています。三二％の成功率です。四枚の中から一枚を選ぶので、偶然に当たる率は二五％ですから、七％の上昇がみられ、これはウルマン氏の実験の九％とほぼ同じです。

夢うつつ状態で意識は何をしているのか

このような何千回にも及ぶ厳密な実験結果を目にすると、私の「夢で出会った共感覚少女」の件や、今昔物語の夢クロスの件なども、やはり実際に意識が交差していたのかも知れないと思えてきます。

明治中期までの多くの人は、現代人より強い共感覚を持っていたと考えられますから、出張中に妻を案じる夫と、帰りを待つ妻の意識（常澄安永の話）や、妾を訪ねる浮気者と、ヤキモチを焼く本妻の意識（勾経方の話）が夢でクロスしたことも、さほど不思議な現象ではないでしょう

昔の人は「睡眠中に魂が遊びにいく」と言い伝え、また、今昔物語の安永の夢クロスでも「亦精ノ見エケルニヤ有ラム」（精神が行きかよって見えたのだろうか）との注釈が付いています。

なので、古来より日本人は精神＝魂であると考えていたようで、これは私も賛成です。

しかし、「夢クロス」と「魂の体外離脱」は似て非なるものだという論もあります。その根拠は、

●夢見状態で起きる眼球運動が、体外離脱のときにはみられない。

●自律神経のうち、夢見状態のときに働くものは副交感神経（リラックスしているときに作用）だが、体外離脱のときには交感神経（身体が活動しているときに作用）と副交感神経の両方が働く。

……ということのようです。

もっとも、夢テレパシーも体外離脱も、そのもの自体がはっきりとは立証されていないので、両者の違いが見きわめられるのはまだ先の話だと思います。

なので、ここではとりあえず古来日本的な「魂＝意識」というおおまかな捉え方にして筆を進めることにします。

体外離脱のときに交感神経と副交感神経の双方が働くという現象は、普通はあり得ない様態で、興味を引きます。

この二つの神経はシーソーのようなもので、片方が作用したら片方は休眠し、それによって人は起きて活動したり、眠って疲れをとったりしているのです。

が、何かの理由で、眠っているにもかかわらず交感神経も働いてしまい、それが体外離脱を引き起こしているらしいのです。活動担当とリラックス担当、二つの神経が同時に活性化しているので、離脱行動・霊的交信といういわば「動と静」双方の行為ができているのかもしれません。

私などのように明晰夢を見る人が、夢をある程度コントロールできるのと同様に、体外離脱を意図的に起こせるという人もいます（ヨーガの熟達者など）。

体外離脱は、誰でも浅い眠りのときに疑似体験（錯覚。実際には離脱していない）をすることが判っているのですが、中には本当に離脱したとしか思えない報告もあります。

心停止患者の魂が病院中を飛び回った

作家で評論家の立花隆氏の著書『臨死体験　下』（文藝春秋）には、医療従事者が患者の体外離脱に遭遇した例が紹介されています。

一九七六年、ワシントン大学附属病院のソーシャルワーカー、キンバリーが、心臓発作で救急救命センターにかつぎこまれたマリアという女性の昏睡中の体験を、彼女の意識回復後に確認しているのです。以下、主な部分を引用します。

「彼女が入院して三日目のことでした。彼女の心臓が突然停止してしまって、大騒ぎになりました。そのとき彼女は、二階の救急治療室にいました。彼女の体にはいろんなチューブやワイヤーがつながれて、ベッドのまわりはいろんな装置やモニターでいっぱいでした。心停止の警報とともに沢山の医者や看護婦がかけつけて、心臓マッサージをしたり、酸素を吸わせたり、注射をしたり大騒ぎでした」

（中略。息を吹き返したマリアが、蘇生処置を受けているとき自分は体から抜け出して、天井の上のほうから一部始終を見ていたとキンバリーに語る）

「そのときベッドのまわりに誰と誰がいて、誰は何をやっていたかということを、マリアは正しく語りました。[*1] わたしは自分でもその場面を入口のところから見ていたので、マリアのいうことが正しいとわかりました」（中略）マリアは医者たちの作業を見ているのにあきて、何か他のことをしようと思った瞬間、今度は救急治療室の窓のすぐ外の、病院の玄関の上のあたりの空間にいたというのである。救急治療室からそこに移動するというプロセスはなくて、一瞬にしてそちらに移っていたという。

「そしてそこから何を見たかをいろいろ話してくれたのですが、それも現実とよく合っていました。[*Ⅱ]（中略）彼女のベッドは二階の救急治療室の真ん中あたりにあって、そこから窓の外の空は見えても地表を見るということは絶対にできません。彼女は入院するとすぐに、チューブやワイヤーでいろんな機器につながれてしまいましたから、ベッドの上で起き上がったり、立ち上がって歩くなどということはできないのです」（中略）マリアはその玄関の上の空間から、もう一度瞬間的に移動した。そこはやはり病院の一部だったが、彼女の病室があるあたりとは別の場所だった。マリアはそこの三階あたりの窓の外側にいた。その窓枠の下のところがちょっと外に張り出していた。そこにブルーのテニス用シューズの片一方だけがのっかっているのをマリアは見た。その靴は小指のところがすり切れていて、靴ひもがほどけて、かかとの下にたぐり入れられているといった細かいところまで見た。[*Ⅲ]
（中略。キンバリーがそれを確かめに行く）「三階にあがり、部屋を一つ一つ訪ねて、窓のところをのぞいて歩きました。すると、驚いたことには、ある病室の窓のところに、マリアがいった通りのテニスシューズがあったのです。それは片一方だけで、色はブルーで、小指のところがすり切れていて、靴ひもがかかとの下に入っているのも、マリアのいった通りでした」

引用中でも述べられていますが、このときのマリアは心停止で、体じゅうに機械をつけられベッドから動けなかったことを、蘇生処置にかかわった全てのスタッフが知っています。仮に動けて窓から見たとしても、位置的な関係でやはりテニスシューズは見えないのです。

こうした事例は昔から、洋の東西を問わずたくさんあり、稀には離脱した魂を第三者が視覚として認識したケースもあります。

＊Ⅰ〜Ⅲ　マリアが語ったこの部分が示すように、体外離脱中に見たことを非常に細かく覚えているケースは、他の体外離脱事例や「前世で死んだのち魂として存在した期間の記憶」としてよくあり、これはリアル夢と全く同じ様態である。夢見状態や離脱状態では現実社会の煩わしいことを考えずに済むため、脳（離脱時なら意識）が本来持っているスキャン能力がフルに発揮されて直観像記憶をしやすいのか、それとも、もともと神経過敏体質で直観像記憶ができるタイプの人が、昏睡中や死後に意識が残りやすいということだろうか。（Ⅰ〜Ⅲ、すべて引用者注）

体外離脱と透視は異なる

体外離脱には「箱の中を透視するのと同じ能力であって、魂が体外に出ているわけではない可能性」も指摘されているのですが、これに対応する実験も行われています。

アメリカ心霊研究協会のカーリス・オシス氏が一九八〇年に行なった実験は、次のようなものです。

箱の中に二枚の半透明な円盤を入れ、一つだけ開けた覗き穴から見たときだけ、二枚の円盤に描かれた虚像が組み合わさって、特定の画像として見える装置を使います。

「透視」では、単に箱の中に二枚の円盤があることしか判りません。

さらに、覗き穴の前にアクリル板を吊り下げ、その吊り金具には僅かな動きを捉える測定器が設置されました。

そして、意図的に離脱ができる人を被験者とし、別室に入ってもらい、装置の仕組みは一切知らせずに「覗き穴から中を見てきてほしい」とだけ依頼しました。

果たして、被験者は別室から一歩も出ず、穴から覗いた場合にのみ見える画像を報告し、さらにアクリル板の測定器も反応を示しました。つまり、離脱というのは透視とは異なり、被験者の体から何かが分離して実験室に移動し、穴を覗いたのでアクリル板が動いたらしいのです。

この実験の他にも、さまざまな体外離脱の報告例が世界中にあります。科学的な立証には至っていませんが、それは単に「現象を引き起こしている物質」を現代科学の電子顕微鏡ではまだ捉えきれないということでしょう。あるいはそもそも物質ではなくて顕微鏡では見えず、たとえば「電気」のように法則性を根気よく見つけていってようやく立証できるものなのかもしれません。

かつては「妄想」「錯覚」とされた共感覚が、脳のはたらきを精査する医療機器ができたことで「妄想や錯覚ではない」と立証されたように、体外離脱も観測機器の高性能化に伴って解明されていくはずです。そして、共感覚と霊的エネルギーの相関性も理解されていくと思います。

第五章　意識は体外で何をしているのか

「地球意識プロジェクト」の世界規模実験

二〇世紀の後半、先進国では科学絶対主義が知性の象徴のように思われていました。が、最近になって「人の意識はどうやら体の外に出られるようだ」と考える人が増えてきています。

特にネットの普及によって、個人が全世界に発信できるようになったことは、霊的なテーマの研究に大きく寄与しました。迷信として片づけるステージは幕を閉じつつあり、霊的なものの存在を裏付ける現象が世界中から報告されるようになりました。

霊的現象を引き起こしているものが何なのかは判っていませんが、それでも科学は果敢にこの分野の研究と実験を展開しています。

そのひとつとして、光子（物質を構成する最小のもの。量子のひとつ）を応用した乱数発生器による実験があります。

乱数発生器の内部には、光子の放出器と、それがぶつかる壁があります。光子が壁をすり抜ける確率と、跳ね返る確率が正確に半々になるように調整してあります。そして、すり抜けたときは「1」、跳ね返った場合は「0」を打ち出す仕組みで、ランダムな乱数を作り出しています（暗証番号を作成するときなどに使われる）。

米国・プリンストン大学の研究チームが、この装置をコメディショーやアカデミー賞授与式などに持ち込んで測定を行なった結果、人々の心が高ぶっているときに、明らかに乱数発生の偏り（0と1が半々にならない）が見られたそうです。

同大学の工学部教授、ロジャー・ネルソン氏らはこの実験に着目し「地球意識プロジェクト」として世界規模に広げました。

昨今の観測では、二〇〇一年のアメリカ同時多発テロ事件、二〇一一年の東日本大震災、二〇一三年のネルソン・マンデラ氏[*1]逝去のときに顕著な結果が出ています。こうした悲劇のときは、楽しいイベントがあった時よりも乱数の偏りが出る率が確実に高いそうです。

これらの観測と解析は、楽しいイベントのときと悲しい事件のときを合わせ、二〇一三年までに四五〇回実施されました。そして二五兆分の一という、偶然をはるかに超えた非常に高い確率で偏りが記録されています。

乱数発生器は世界中に設置されており、イベントや事件現場との距離は関係なく、遠く離れたところの器材でも同じ偏りがみられることが判っています。

ロジャー・ネルソン教授は、「乱数発生器に有意偏差は『悲劇』が起きたときに明らかに多く発生することから、同情・哀れみの感情のほうが、強い意識のコヒーレンス（波の干渉しやすさ）を生み出す」という主旨の推測をしています。*II

なお、乱数発生装置は強い電波を長時間あてても内部に影響しないよう、特殊なカバーで覆われています。なので「イベント時には電話や放送の回数が増えるから乱数の偏りが生じるのでは？」という懐疑はほぼ回避できます。

このような、大多数の人の意識が光子に干渉しているらしいこと、距離が関係しないことなどは、これまで述べてきた共感覚や夢に関することがらに共通するものがあります。

夢テレパシーの実験では、一～二人の思念でさえ有意の確率で成功をおさめていますし、「実験室のコンピュータ～自宅」という距離を超越する結果も出ています（111～113ページ）。

*I　ネルソン・マンデラ氏（一九一八～二〇一三）は南アフリカ共和国第八代大統領で、アパルトヘイト撤廃に尽力して世界的共感を呼び、ノーベル平和賞や国際検察官協会名誉賞など数多く受賞した。

＊Ⅱ　悲劇時などの苦しい・つらい意識の昂ぶりのほうが偏差が出やすいというのは、共感覚者などが経験する「苦痛や絶望時の家電品の誤動作」と平仄が合う。（145〜146ページ）

意識が体外の「光子」を動かす

乱数発生器に使われる光子は近年、別のかたちの実験でも「思念が体外に出て仕事する」ことを裏付けています。

光子を放射する装置と、それを受けとめるスクリーンを置き、その間を壁でさえぎります。壁には二つのスリットをあけておきます。放射された光子がそこをすりぬけてスクリーンに達する仕組みです。スクリーンは光子を受けとめた部分の色が変わります。

放射するものが一般的な物質……「粒子」ならば、スクリーンの色が変わる部分はスリットどおり、二つの「すじ」になります。が、光子は「粒子であると同時に波でもある」という特徴を持つため、スリットをすり抜けたあと、波紋を描きながら広がります。このとき、二つの波が重なって強まる部分に光子が集中し、スクリーンは縞模様になります。

この現象を利用したのが、超心理学者のディーン・レイディン博士（ノエティックサイエンス研究所／米国）の実験です。

格別に超能力があるわけではない普通の人に、実験室の装置のそばに座ってもらいます。そして、光子を放射するとき「スリットの片方を多くの光子がすり抜ける」ことを集中して意識してもらいます。意識する時間は十五秒で、その後十五秒休み、再び十五秒意識する……という繰り返しを十分間にわたって行ないます。

参加者は二五〇人で、実験は一人ずつ行われました。すると、意識を集中する時間に光子の縞模様が、偶然にできうる偏差である五〇万分の三を超えて変化することが判りました。二五〇回を統計して、意識集中時のみ偏差が見られたのです。

この結果についてレイディン博士は「意識が量子（光子）に何らかの作用をしたのではないか」と述べています。

同期する脳活動

思念が体外に出て仕事することを感じさせる現象として、親しい夫婦、カップル、友人の間などで起こる同期現象があります。

『超常現象　科学者たちの挑戦』（「NHK取材班」梅原勇樹・苅田章著／NHK出版）には、米国で行われた次のような実験が紹介されています。

その実験はワシントン大学客員教授のリアナ・スタンディッシュ博士が行なったもので、日ごろからテレパシー的な体験のある親しい夫婦を別々の部屋に入れ、片方が意識したことをもう片方が察知できるかというものです。

夫婦の片方Aは暗室に入り、モニターを見続けます。モニターには、激しく点滅する格子模様が不規則な間隔で映し出されます。これは「ずっと見ていると気分が悪くなる画像」だそうです。一方、夫婦のもう片方であるBは、MRIに匹敵する高精度の走査装置の中に入ります。AとBは完全に隔離された位置にいるため、視覚的に相互を確認することができません。

実験中、二人はお互いに相手のことを強く意識するようにします。一回に十五分間の実験をし、終わったらAとBは交替して、それを繰り返します。

実験はこの夫婦のほかにもう一組、これは格別にテレパシー体験のない普通のカップルにも協力してもらって行われました。

結果は四人とも、片方が視覚的刺激を受けると、走査装置の中にいる片方の脳活動にも明らかな変動が起きることが確認されました。走査装置内にいる人は、外部からの刺激が一切ないにも関わらず、相方が暗室で刺激画像を見ると、脳の視覚野周辺に変化が起きたのです。

『超常現象　科学者たちの挑戦』には、スタンディッシュ博士の次のような言葉が掲載されています。

「今回の実験は、脳の同期現象が偶然ではないということを示す科学的証拠だと思います。まだ十分には理解できていませんが、人間の脳には空間を超えて他の人とつながる、何らかの仕組みがあると、私たちは考えています」。

思春期までの少女のシンクロ

こうしたシンクロ現象は思春期までの双子にもよく見られます。知り合いに双子がいる人なら、何らかの形でそれを見たり聞いたりしているでしょうし、双子の本人ならばさらに実感できるものと思います。

知り合いがいなくても、タレントの三倉茉奈・佳奈（マナカナ）さんのシンクロぶりをTVで見た人は多いはずです。マナカナさんは一九九六年、十歳でテレビドラマの子役としてデビューしました。その後トーク番組に出演するようになり、軽快な大阪弁が可愛らしいのに加え、話し方がシンクロするのがウケて、次第にそれがセールスポイントになっていきました。

そうなると、テレビですから、ある程度は故意にシンクロさせる仕掛けが施されたと思います。しかしそれを差し引いても少女期のマナカナトークは、言葉の端々や仕種に至るまで見事に重なり合っていました。シンクロトークが止まらなくなってしまって、進行役のスタッフがオロオロすることもよくありました。

まして、彼女らは出生時に「二卵性双生児」と診断され、本人たちもそう信じたまま「二卵性でもシンクロする」のがウリになったものの、二十歳のときに精密検査した結果、一卵性であることが判ったという経緯があります。

私も小学一年から五年生までの間、一卵性双生児のクラスメイトが二組もいたので「マナカナ現象」はよく理解できます。思春期少し前までの、特に女の子はあんなふうになるものです。ちなみに、マナカナさんは成長とともに相互の距離を措くようになり、佳奈さんが結婚すると住まいも別になりました。その後も仲の良い二人であり続けていますが、少女の頃のようなシンクロはあまり起こらなくなったようです。

マナカナさんが成長を通じて見せてくれたシンクロの変遷は、「幼い／親しい／血縁が近いほど共感覚やＥＳＰ（超感覚的知覚）の共有がある」ことを示していると思います。

親しい人の病患部が「見える」「聞こえる」

シンクロニシティや共感覚を格別に自覚してない人でも、親しい人の「見えない部分の異変」を感知することがあります。

たとえば家族や恋人、仲のいい友人などの体の中に重大な病気が潜んでいると、その部分の色がおかしく見えるという事例がかなり報告されています。色以外にも「異常だという音がする」「気配がする」などの感知の仕方があります。

身体が発している何らかのものを別の人の意識がキャッチし、共感覚的に感じているのでしょう。実際にはその部分の肌は変色しておらず、音もしていないのですが、何かを捉えて脳が色や音、気配などに変換しているのです。

親しい人に病患部を共感覚的に察知されたときは、本人も実は病感（何となくおかしいという気分）を持っていることが多いです。例えば配偶者に「胃のあたりの色がおかしい」と言われたとき、自分も「そうだ、実は数日前から何となく胃の調子がおかしいんだ」と感じていたりします。そういう場合は、自分自身が納得して内科に行くことができます。

しかし、本人に病感がないものの、配偶者に「胃の色がおかしい」と断言された場合、どうすればいいか戸惑うと思います。現代の医療界の共感覚に対する認識では、「胃のあたりの色がおかしいと妻に言われた」などと医師に伝えても怪訝な顔をされてしまいます。

では気にしないで済ませられるかというと、気分的にそうもいかないと思います。特に女性（肉親・配偶者・恋人など）が男性の患部を見抜く力はかなりのもので、毎日その部分の色の異常を感知しているため「変だ変だ」と訴え続けます。

なので、程度問題だとは思いますが、どうしても何かあると感じられたときは、その部位を担当する科の医師に「数日前から調子が悪い」などと適当にぼやかして伝え、レントゲンや採血など基礎的な検査を受けておくのが妥当だと思います。

ている光景をみかけます。

「小僧按摩」が見ていたサーチビジョン

全盲の人が、一応白杖はついているものの、見えているのではないかと思うほど的確に歩いている光景をみかけます。

人々の共感覚的な力が今より強かった明治時代までは、杖をわざと肩にかつぎ、健常者が何だ！　とばかり鼻歌を歌いながら歩く「小僧按摩」もいたそうです。当時の彼らは「心眼で見るから大丈夫」と言っていました。心眼とは文字通り、精神で周囲を見ることです。

現代の盲人が自らの心眼を語ったものとして「健常人でも背後にどんな家具がどんな具合に配置されてるかが勘で判るでしょう、あんな感じなのですよ」というのがあります。なるほどと思います。しかし、やはりそれはどこまでいっても「勘」でしかなく、ここで述べる心眼とは違う気がします。

昔の盲人は、バリアフリーが発達していなかったぶん、「勘」とは違う感覚で周囲の状況をサーチしていたのではないでしょうか。杖をかつぎ、鼻歌まじりで歩く小僧按摩を、現代人はつい「勘で道なりが判っていたから歩けたのだろう」と思ってしまいがちですが、そうでしょうか。

盲《もう》状態は、私たちも夜中に明かりをつけずに歩くなどの場合に経験します。何千回も歩いている自宅の中でさえ、盲状態で歩くとあちこちぶつかり、階段から落ちそうになり、ひどく心細いものです。まして江戸時代の都市は道路状態が一定しておらず、段差や用水路などの障害物がたくさんありました。中でも花のお江戸はその賑わいゆえ「生き馬の目を抜く」といわれ、健常な視力を持っていてさえ用心して歩かなければ危ないほどの喧騒ぶりでした。

こんないくつものハードルがあるのに、杖なし・鼻歌で歩けた小僧按摩を「勘」の一言で片づけられるとは到底思えません。では何なのか……。意識が周辺状況をサーチし、歩行に必要な最低限のビジョンを脳裏に映し出していたのではないでしょうか。

それは必ずしも完全な映像とは限らず、物の輪郭だけかもしれないし、もっと抽象的なイメージなのかもしれません。ともかく、小僧按摩が足取り軽く江戸を歩けたのは、意識サーチによる何らかの情報を得ていたからではないかと私は考えています。

緊急時に出現したピンクの線画

夢テレパシーやシンクロニシティなどの現象を、思念が体外に出て仕事していると解釈すれば、単なる「勘」ではない心眼……意識サーチの結果としての心眼は充分にありえます。

例えば昔は、目の発達していない小型のコウモリがなぜ深夜に飛び回り、空中の虫を捕食できるのか解明されていませんでした。しかし「超音波」の概念が解明されると、コウモリがそれを使っていることが判りました。

コウモリは口から超音波を出し、対象物に当たって耳まで跳ね返ってくる非常に小さな時間を計算して、障害物や虫の存在を認識しています。なので、目が発達していなくても構わないわけです。実験で目隠しをしても障害物を避けて高速で飛び回ります。

この超音波の反射を応用した「オートフォーカス」……自動的に対象物までの距離を測り、焦点を合わせる機能が、デジカメより前のカメラにはついていました。ですから心眼も今は解明されていないものの、いずれはコウモリの超音波のように、盲目の人が無意識下で何をしているのか判る日が来ると思います。

さて、おそらく心眼と呼べるであろう現象は、私も一度だけ、眼科手術直後の晩に体験しました。

81ページで述べましたが、私は白内障が五〇歳のとき急激に悪化し、数か月間はほぼ失明状態でした。そして、私の眼の特性から、手術は通常より難しく、開口部も大きくて、術後は絶対に目を開けないよう指示されていました。

しかし、その時の私は顔の皮膚炎もひどく、浸出液が目に入らないよう消毒ガーゼで拭き取る必要がありました。さらに病というのは重なるもので、当時の私は多発筋痛と気管支炎も悪化していました。

深夜に風呂場で皮膚炎の清拭をしようとしたとき、多発筋痛の痛みで私は転倒してしまい、その拍子に消毒液やガーゼを置いた場所が判らなくなりました。起き上がってドアを開け、寝ている妻を呼ぼうにも、呼吸困難で声も出ません。

そのとき突然、浴室内の光景がサーモンピンクの線画でくっきりと見えました。まぶたを閉じているときに誰でも見えるあの闇に、CGで作成されたようなカッチリとした線画が現れ、湯船や蛇口や桶、タイル壁の目地やサッシ窓のわく、シャンプーのラベルまでがありありと見えるのです。

共感覚の色文字のように「心に浮かぶ」のではなく、これは肉眼で液晶画面を見ているような鮮やかな線画でした。天井で蛍光灯が光っているはずですが、この場合に必要ない情報であるためか光と影は省略されていました。

驚いている場合ではないので、線画の中から消毒薬などを探しました。湯船のフタの上にそれを見つけ手を伸ばすと、手の輪郭と、腕まくりした袖口が下のほうから、これも動く線画で現れました。そして目的のものを手にした時、線画はスッと消えました。

この時に見えた映像は、健常時に目を閉じた瞬間に見える「残像」とは全く異なるものです。そもそも私は目をぎゅっと閉じたままでしたし、仮にあけたとしても眼帯やテープ、包帯などで厳重に防護されているので、これらを外さなければ何も見えません。だいいち「残像」ならば静止画像です。私の動きに合わせて画像が動くことはなく、消毒薬を探す役に立ちません。

後日、病院を訪れたとき、私は眼科医に「似たような体験を聞いたことはないか」と尋ねました。医師は「全く同じかどうかは判らないが、視神経が完全壊死した全盲の人が『あっ、今見えた』と言うことがある」と教えてくれました。

やっぱりと思います。が、それらは私のように急に一過性の失明をした人ではなく、不可逆性の失明状態になって長期間をすごした人のことでしょうから、前に述べた「背後にあるものが判る感じ」と同じ〝勘〟である可能性もあります。

私の風呂場での体験は、勘や経験則ではありませんでした。まして、転倒して方角を失い、激痛と呼吸困難の中で消毒薬を探すなどということは、経験則ではとても出来ません。

目を使わず書物を読んだラマ僧

人は、目を使わずにものを見ることがある？……そう思って調べていると、こんな例を見つけました。

『共感覚という神秘的な世界』（和田美樹訳／エクスナレッジ）では、著者のモリーン・シーバーグ氏が、共感覚と精神世界の関係性を探るために、ニューヨークのチベットハウス（チベット文化の保護や普及に努める組織）に取材しています。

シーバーグ氏は、チベットハウス設立者のロバート・サーマン博士から、共感覚について次のような見解を聞きます。

共感覚は「超感覚」、つまり、他の感覚を超えて開かれた感覚の一種だと考えているという。ある感覚、あるいは一度に複数の感覚に関わる――これは、仏教では「識」として知られている。（中略）共感覚体験で活動しているのはこの「識」だというのが、サーマン博士の学術的観測だ。

チベット仏教では、人間の感覚を「五蘊《ごうん》」に分類しています。五蘊のひとつ「色」は目を使って視界を見ること、「受」は耳で音を聞くこと、「想」は鼻で匂いを嗅ぐこと、「行」は舌や身体で味と触覚を感じることです。

そして五番目の「識」は、他の四つを制覇する感覚――四つを司る感覚器官のどれかひとつ、または複数を選び、その器官に代わって仕事できるとされています。

この「識」が、共感覚的な体験のときに作動する感覚であり、さらに「識」は死後も存在するというのがチベット仏教の考え方です。宗教的な概念ではありますが、これまで私が述べてきた共感覚と霊的な現象の関係性と同じ捉え方です。

そしてサーマン博士はシーバーグ氏に、目を使わずにものを見ていた僧のことを話しています。十八世紀のラマ・ジャンギャ・ロルウェイ・ドルジェイというラマ僧で、目が不自由でありながら書物を読んだそうです。点字ではなくインクで書かれた書物です。

もちろん十八世紀の人物ですから確認することはできず、私も昔ならば半信半疑だったと思います。が、精神修行を積んだわけでもない私でさえ、失明中の風呂場の体験がありますから、「識」を高めた高僧ならそのくらいはできただろうと今は思えます。

視覚のハンディキャップと共感覚的な能力がつながっている……そうしたことが判る日本のケースが、青森県の恐山にあります。

さいはてのイタコが「降ろす」もの

共感覚が「五感の一部または全部を失ったときの補完的役割」を持っていること、そして「他者の意識とクロスする」こと……この二つを裏付ける存在が、青森県の恐山に住むイタコです。

イタコはもともと、全盲または弱視の女性が師匠役のイタコに弟子入りして一人前になります。

恐山は多くの霊が集まるスポットとされ、イタコはそこで厳しい修行を積んだのちに、霊媒として人の悩みや淋しさと向かい合う役目が与えられます。死者の声を遺族に伝えるだけでなく、結婚や就職など人生の節目に直面して迷っている人に、霊の託宣としてアドバイスをすることもあるので、占い師としての側面も持っています。

イタコが霊と交信して行う口寄せ（霊や神の言葉を語る）は、遺族が聴いても、家族しか知らない内容が含まれているなど整合性があるといわれ、古くから東北地方のみならず、全国から死者の声を聞きに多くの人が恐山に来ます。

イタコを含む全ての霊媒がしていることは「思念の翻訳」です。霊を降ろし、メッセージを受けとめても、イタコ本人の脳ライブラリに無い概念は翻訳できません(例えばハンバーガーの概念がなければ「パン・肉・丸い」くらいしか発語できない)。

また、受けとめた思念の言語化はあくまでイタコがするのですから、声として出てくるものは当然イタコの母語になります。*

かつて私は、イタコを茶化す悪趣味なテレビ番組を見たことがあります。タレントが恐山を訪ね、昔の有名なハリウッド俳優の口寄せを依頼するのです。揚げ足を取るのが見え見えの企画で、案の定スタジオの芸能人たちは、ハリウッド俳優の東北弁を聞いて爆笑するのでした。「ガハハハ！　ちっともアメリカ人になってないぞ、東北のおばちゃんのままだ」という嘲笑です。

さきに述べた通り、この場合は東北のおばちゃんの言葉であってこそ整合するのです。嘲笑した人たちはイタコが英語で話したなら感心するのでしょうが、「東北弁しか知らないイタコが思念の言語化をしている」という大前提を考えれば、これは英語で話すほうが異常事態です。もしもそんな口寄せを聞いたら私は腰を抜かしてしまいます。

ちなみに、イタコのような霊媒ではないものの、同じように全盲で、依頼者の過去や未来を言い当てる易占師たちが、韓国ソウルの弥阿里《ミアリ》というところに集住しています。韓国には占い師が多いのですが、弥阿里の彼らは他の正常視覚の占い師よりも的中率がずば抜けて高いそうです。彼らは四柱推命で占うスタイルをとっていますが、全盲というハンディキャップが対人共感覚を高め、依頼者の内面をスキャンしているのかもしれません。

＊　ただ、これにあてはまらない様態が「生まれ変わり」事例の一部にあって、知らないはずの言語をしゃべったり、知らないはずの文字を読み書きできたりする。思念の翻訳ではこうならないので、前世者の記憶が言語ごとパッケージされて後世者の脳に継承されているということだろうか。

「医者半分、ユタ半分」

本州の北端である恐山のイタコと並ぶ、日本の有名な霊媒が「ユタ」で、こちらは日本の南端、沖縄にいます。ユタも霊や神の意識を感知し、苦悩を抱える人々に伝えて、精神的に助ける役割をしています。

心や身体を病んだり、人生に迷ったりしたときに「医者半分、ユタ半分」といわれるほど、今も沖縄の庶民に信頼される存在です。

イタコとの大きな違いは視力障害がないことと、師匠に弟子入りしないことです。ユタの場合、強い感受性を持つ女性がカミダーリ（神障り）と呼ばれる精神の昂ぶり（幻覚など）に苦しみながら、自らの霊性に気づき霊媒になっていきます。

一九九四年にはＮＨＫが「果てしなき脳宇宙」（ＮＨＫスペシャル・驚異の小宇宙・人体Ⅱ「脳と心」第六集「果てしなき脳宇宙」／ＮＨＫ、ＮＨＫクリエイティブ、ディスカバリー・プロダクションズ）という番組のなかで、東京電機大学の町好雄教授の協力を得て、地域から高い信頼を得ているユタ・根間ツル子氏の交霊中の脳波観測を行なっています。

測定器を頭部につけた根間氏が、神託依頼者の相談を聞いているときは、言語を担当する左脳が働いています。そして交霊のための歌を歌いはじめると左脳の活動が鎮まり、直感を担当する右脳が活性化しはじめます。誰でも歌を歌うと右脳が優位になるので、それが原因とみることもできます。歌の途中から左脳の働きが少し戻りますが、それでもまだ右脳は優位です。

そして歌を終え、依頼者に語りかける段になると、本来なら右脳が低位化して言語担当の左脳が優位になるはずですが、驚くべきことに右脳の働きはますます活性化しました。根間氏は右脳優位のまま依頼者に神の言葉を語ります。左脳も働き始めているものの依然右脳がリードし、淡々と神託を語りつづけます。言語担当の左脳が低位状態とは思えないほど整然とした言葉づかいで、表情も交霊開始前の左脳優位時と変わらず、朦朧《もうろう》とした感じが全く見られません。

「果てしなき脳宇宙」は脳のはたらきを解明する番組で、霊の存在を探求する内容ではないため、この実験についてはナレーションが「こうした現象は根間さんがまだ言葉になっていない情報を、無意識の世界から汲みだしているからではないでしょうか」と語るにとどめています。

通常、人はものごとをまず右脳で直感的にとらえ、左脳に伝達して論理的な分析をし、記憶したり言語化したりします。一般的な人は右脳で霊的なものを捉えても、理屈屋の左脳が否定したがるので、記憶や言語化が難しいのです。

しかしそれができているユタの脳のはたらきは、さきの実験から推察するに、次のような機序だと思われます。

①交霊時に左脳が言語能力をかろうじて残す程度まで弱まる
②右脳が優位になり直感のアンテナが敏感になる
③右脳が霊的メッセージを受けとめ、論理的抵抗力が弱まっている左脳に送る
④左脳がそれを言語化する

ユタだけでなく世界中の霊媒の託宣は、脳のこうした「通常とは異なるはたらき」で行われているのかもしれません。

救命集中治療部の医師が語るもの

生命や精神、病気といったものと接する現場の人は、経験を積んでベテランになるほどスピリチュアルな「何か」の存在に気付いているものです。科学者や医師などは立場上、あまりそういう話はしたがらないのですが、昵懇になると、「職務を離れた、個人としての見解だけどね……」と言って語ってくれることが結構あります。

最近では、科学的な心霊研究が進んできたこともあってか、メディアに登場して話す学者や医師も少しずつ増えてきました。

日本ビデオニュースがインターネット放送している「VIDEO NEWS」の第六四六回（二〇一三年八月三一日）には、東京大学付属病院の救急部・集中治療部部長（二〇一六年に任期満了退官）で医学博士の矢作直樹氏が出演し、長年にわたり緊急救命に携わった現場の医師としての、霊的な感覚を話しています。

矢作氏によれば、未知のエネルギーの人体への関与は、一般外来だと判りづらいものの、救急外来だと感知できるそうです。

霊的なエネルギー体と人間とはグラデーション状につながっていて、それが、ある周波数で同期すれば気分変調、激しい場合は精神症状につながり、人格が変わったり記憶がなくなったりする……と矢作氏は述べます。そして、昔から言われている「憑依」現象の一部は、そうした周波数同期による霊的エネルギーの関わりによるものではないかとしています。

加えて矢作氏は、人間が霊的エネルギー体から何らかの影響を受けると、それは霊障（霊的なものによる心身のダメージ）として現れることがあるとし、「精神疾患だけでなく、慢性疾患などの内的疾患の一部も霊的エネルギーによるものと解釈することもできる」と番組中で語っています。

「この世とあの世は同じ場所にある」

矢作氏が番組中で語った内容は、同氏の著書『魂と肉体のゆくえ』（きずな出版）の第二章「『死』は終わりではない」を読むとさらによく理解できます。

以下、主な部分を引用します。

肉体が死んでも、魂は生き続けます。では、その魂はどこに行くのか、懐かしい家であるはずのその場所はどこにあるかといえば、じつは、いまの、この世界と同じ場所にあるようです。（中略）

その世界は目の前にあるというより、私たちのいる世界と重なっていると言い換えてもいいと思います。（中略）

私たちの目に見える世界は物質でできていますが、この世界をどんどん拡大していくと、分子や原子が見えてきます。そして、さらに拡大していくと、たとえば原子核を直径10㎝

のボールとすると、この原子核のまわりをまわる電子の軌道は、原子核を中心に半径5km ほどにもなります。つまり、まったくスカスカの状態です。この世界に、より小さな世界が重なっている可能性を、湯川秀樹博士は「素領域理論」として発表しました。

そして矢作氏は、物理学の科学的推論として、

●物質を構成している素粒子は、全ての空間に存在する極微のヒモ、または膜の振動として表される

●世界は、ヒモまたは膜の振動数の違いにより、私たちが見ている物質的世界から、より振動数の高い、目に見えない高い次元の世界までが、重なって存在すると考えられる

という主旨を述べたうえで、霊的なものに対する解釈として、次のように記しておられます（傍点も原文のまま）。

この世とあの世（より高次の見えない世界）は、別に存在しているのではなく、私たちの世界から見ると同じ場所にあるのでしょう。

寿命がきて肉体を脱げば、この世から次元の高いあの世に移る。また、肉体と霊体をもつ私たちは、この世に住みながら、肉体の縛りがゆるむときに、見えない高次の世界とつながると考えてみていただけたらよいかと思います。

脳の磁気感知と地震予知

さて、以降は私の考察になりますが、霊的エネルギーとは電磁的なものでしょうから、これを脳が無意識にキャッチするのは格別に不思議なことではないと思います。

というのは、霊的なもの以外でも、人の脳は今この瞬間も電磁波を感じとり、何らかの行動につなげているからです。人間のみならず、おそらく全ての生物の脳は無意識に電磁波をキャッチし、体の各器官が感応しており、それはさまざまな事例によって確認されています。

例えば、地震が起きる数時間～数日前から、被害が予想される場所から動物が逃げ出すという現象は世界中にあり、きわめて僅かな地磁気の変化を感知しているとされます。

何年も生きてきて経験を積んだ個体だけでなく、まだ若くて経験の少ない個体までが「地磁気の変化イコール地震」と判断できているのです。これは、祖先からの記憶が代を継いで脳内に存在していることを示しており、生まれ変わりによる記憶の継承と解釈できます。

人間も、幼い子供やHSPの人などが、地震の数分前に感知することがあります。幼児やHSPという点が、共感覚と共通します。

私の場合は少し変わっていて、高校生ごろから三十歳まで、地震発生を五分ほど前に予知できていました（なぜ幼い頃にできず青年期だけできたのか不明。三十歳十か月のとき大阪で熟睡中に阪神淡路大震災を数分前に感知し、妻を起こして緊急防災を講じたのが最後）。僅かな音や震動がするわけではなく、自分でも何をどう感知しているのか判りませんでしたが、判断するより先に、反射的に「これから地面が揺れることの怖さ」を感じました。

形容が難しいのですが、心の中に突然重りを落とされたような感覚で、ほかの場合の「虫の知らせ」とか「嫌な予感」とは異なる感覚でした。

本書の取材で会ったり、SNSで連絡を取り合った共感覚者のなかで、私と同じような感覚を幼いころに持っていた人、あるいは成人後も持ち続けている人は何人かいます（感知の仕方は必ずしも私と同一ではない）。また、共感覚が遺伝する場合があるためか、近親に地震予知ができる人がいる共感覚者もいます。

私はかつて地震を予知したときの恐怖感を今も生々しく思い出せますが、「どの器官が何を感じていたのか」は不明です。「絶対に音や震動ではなかったか」と問われれば、判らないと答えるしかありません。耳や皮膚で自覚できるレベルの音や震動ではなかったものの、可聴域や触覚を超えて感知していた可能性まで遡及されると、もはやそれは「あるかもしれない」と答えざるを得ません。

ただ、今もなお私は感情の急激な変化によって家電品、特にリモコン操作型のものとパソコン、スマートフォンが誤動作するので、*脳と外部微弱電流との関係性は自覚しています。現在のこれは「私からの微弱電流の発信」であり、青年期の地震予知は「地磁気変化による微弱電流の受信」なのでしょうから、やはり脳には電磁的なものの送受信機能があることになります。

＊ ひどい苦痛や絶望、激しい怒りや深い悲しみなどに急に襲われたときにパソコンや家電品が誤動作する現象は、私の共感覚者への聞き取りではかなり多くの人が体験している。つらい方向に感情が急転するさなかであるからキーボードやリモコンには触れておらず、操作を間違えた可能性はない。私の場合は五〇歳で病に倒れて以降、病苦がもっともひどかった二年間ほどはこの現象が頻繁にみられた。病状が寛解して苦痛や絶望が和らいできた現在は頻度が減りつつある。

幽霊の姿を決めるのは「都合」

霊的エネルギーを脳がキャッチする話に戻ります。

人がものごとを認識し、発表し、周囲がそれを受け止め、判断して社会に広める……という一連の過程には、古今東西、人の「都合」が非常に影響を及ぼしています。特に未解明な現象となれば、本人もまわりも都合が最優先になります。これは無意識にそうなるので、両者とも「論理的に行動した」と信じており、都合に干渉されているとは思っていません。

体外に出た意識や、死後に残った思念などを第三者がキャッチすると、それは無意識に、その第三者の都合のよいかたちで認識されます。ハリウッド俳優の口寄せをしたイタコの場合との同じく、脳のライブラリに照らし合わせ、その人の主観に最も近い形になります。

江戸時代中後期の絵師、円山応挙（一七三三〜一七九五）が脚のない幽霊を描いて以降、* 昭和中期までの日本人は「幽霊には脚がない」という強烈なイメージを持っていたため、宙を漂う意識をキャッチした人のほとんどが、都合によって「脚のない幽霊」の姿に翻訳・認識していました。

まれに、応挙の絵とは異なる形で認識した人がいても、そういう話は周囲の人にとって「イメージと違い、面白くない」という都合によって弾《はじ》かれてしまいます（これは現代のマスコミでも同じ）。

が、その人にたまたま画才があったり、理解のある絵師が知り合いにいたりすると、イメージとは外れた姿——「妖怪」や「怪異」などとして記録される幸運を得ます。

障子に無数の目がある「目々連」とか、「塗り壁」「唐傘お化け」など、突飛な姿をした妖怪の中には、そうした「イメージ以外の形で翻訳認識されたもの」が含まれていると思います。

また、明治時代に中国の幽霊話を元にした「牡丹燈籠」がヒットし、これは「カラン……コロン……」と下駄の足音が近づいてくるところがハイライトなので、どうしても「脚がある」ことが意識されるようになり、次第に日本人が見る幽霊の姿も多様化してきます。

戦後はメディアの急速な発達とともに、海外から多様な幽霊イメージが入ってきて、現代の日本の幽霊目撃談からはとうとう脚のないタイプがほぼ消滅してしまいました。これも「キャッチした意識を都合で翻訳認識する」ことの証左です。

＊応挙以前に脚のない幽霊が描かれていたという説もある。しかしいずれにしても応挙の幽霊画は秀逸で非常に注目を浴び、それが日本文化の中の幽霊像を長きにわたり固定させたことは確かである。それゆえ、死んだと思っていた人物に出会ったとき、幽霊でないことを見きわめるために着物の裾をはだけさせて脚を確認する行為が、庶民間では大正時代あたりまで行われていた。

仏教圏の人は三途の川を見る

体外離脱の一つである臨死体験では、仏教圏の人はよく「三途の川を渡りかけた」と言い、キリスト教圏の人は「天使に同伴されて天上世界に行きかけた」などと報告します。

臨死体験の際に見えたという光景をコンピュータ・グラフィックで記録する作業が、世界中のあちこちで続けられていますが、それは「死後の世界がどんな風景であるか」ではなく、体験者が「未知体験をどう翻訳・認識したか」を記録しているだけのようにも思えます。

「死後にどうなるのか」は大昔から非常に多くの解釈がなされてきましたが、最近では「国や宗教に関わらず、人は死後に意識が空中に放たれる」という、非常に広範で納得しやすい捉え方への収束がみられます。

要は「人それぞれ」という、ひどく当たり前な現象が起きているにすぎないと思います。三途の川があるという無意識の都合が、離脱した際にそう認識させるわけですし、また、死後に自覚があるかどうかとか、意識だけになった際に第三者に見てもらえるかどうか、さらには、生まれ変わって何歳ごろまで自覚を維持できるかなども、全て「人それぞれ」なのでしょう。

強いて言えば、思念力、精神性が強い人は死後も自覚できているのかもしれず、それが昔から「未練を残して死んだ人は化けて出る」と言われてきたように思います。

第六章　生まれ変わりと進化

見たはずがない「路上の京王線」の記憶

誰でも、「見たことのない不思議な風景の記憶」をいくつか持っているものです。心象風景とかデジャ・ヴ（既視感）などと呼ばれる類のものです。私にもいくつかありますが、ほとんどは錯覚か、無意識の創作だと思っています。

しかし、どうしても錯覚とは考えられない記憶が二つあります。生まれる前に母親が見た光景の記憶と、目があく前の受乳の記憶です。

特に前者の記憶は鮮明度が高く、しかも動くビジョンであり、これは母親が直観像記憶をする人であることと関連がありそうです。

その記憶は「京王線が甲州街道の路上を走っている」ビジョンで、私が鉄道趣味を持ち、「大型の路面電車」という妙に限定されたものに極端に惹かれるようになったほど、子供のころから鮮明に持っています。西新宿一丁目（旧称角筈）の交差点を、大きな図体をくねらせてのっそりと曲がる電車の姿を細部まで、私はいつでも脳の引き出しから取り出せます。

京王線は、私が生まれる前年（一九六三年）に新宿駅付近が地下化されるまで、甲州街道の路上を五〇〇メートルほど走っていました。そして、母親は新宿の次の初台が実家で、私を受胎する少し前までの期間、そちらの稼業の都合で幾度も帰っていたそうです。

実家に帰るときに使うバスからは、特定の角度で京王線が見えていたことを、のちに私は昔の地図で確認しています。私の脳裏に暖かい懐かしさを帯びて存在する京王線のビジョンは、まさしくそのバスから見える角度の光景なのです。また当時の西新宿一丁目は、電車を優先的に通すためにひどく渋滞する都内屈指のネック箇所で、実際母親への聞き取りでは、動かないバスの車窓から電車の往来を延々眺めていたことも確かめています。

私は高校時代に偶然京王線の歴史を調べるまで、このビジョンを「自分が見た」と信じていました。幼稚園かそれ以前に自分でバスから見て、小学校入学前後に地下化されたのだろうと思っていたのです。

母親が見ていた京王線は、都電や市電など普通の路面電車と大きく異なる点が二つあります。ひとつは、前述のとおり大型車であること。もうひとつは、道路の真ん中に砂利や枕木が露出した普通の線路がある（通常の路面電車はレールの頭だけが道路上に露出し、砂利や枕木は見えない）ことです。

元々は京王線も普通の路面電車と同じ、枕木が舗装されて見えない線路でした。が、一九六四年の東京オリンピックまでに地下化することが決定。それまでの暫定策として、一九五三年に車道と線路を分離し「上下車線の真ん中に枕木の見える線路がある」という特殊な状態が一九六三年四月までの十年間だけ存在しました。私は地下化の翌年の四月生まれなので、妊娠期間を逆算すると、受胎前に繰り返しバスから見た母親の記憶が移ったものと思われます。

記憶の中の甲州街道に伸びている線路には枕木と砂利が見え、それらはブレーキの鉄粉によって赤茶けた錆色に染まっています。述べた通りこの「車道の真ん中に砂利が見える線路がある」状態は、ほかの路面電車にはほとんど例がなく、京王線の、それも限定された十年間だけに存在した光景なのです。

もし、親類縁者などの大人が幼い私に「京王線は路面電車だった」と教え、それを私の脳が勝手にビジョン化しているだけなら、都電のようなミニ電車が枕木の見えない軌道を走る姿になっているはずです。砂利が見える線路云々と語る鉄道趣味人は親類縁者にいませんし、仮にいたとしても幼稚園に上がる前の子供にそんなマニアックなことを詳しく教える道理がありません。

正直言えば私も、高校の鉄道サークルでこの記憶の異常性に気付いたとき、「母親が見たものが移った」と即座に受け入れるには抵抗があり、ずいぶん否定材料を探しました。しかし、どう検証しても私の中のこれは、私が生まれる前の年の西新宿の光景、悪名高き角筈ネックの渋滞に巻き込まれたバスから、母親が延々眺めていた光景以外にありえないのです。

こうした「母親の見たものが移る」事例は、幽霊目撃やテレパシー体験よりは報告例が少ないものの、しかしさほど珍しくもないようです。「臓器移植のさい、提供者の記憶が患者に移る現象がある。赤の他人の臓器でさえそうなるのだから、母親が見た光景が胎児に移ることはあり得る」という説もあります。

受乳とフスマのがらの記憶

私の不思議な記憶はもうひとつあります。薄暗い部屋で母親に抱かれ、乳房を目の前にして、しかし母親はしきりに困っているというものです。

これは京王線のような動くビジョンではなくワンショットなのですが、暖かく懐かしい感覚を帯びている点が京王線と同じです。母の乳房のほか、身体の後ろにあるフスマの薄いベージュに紺色帯のがらと、障子の碁盤状のコントラストが鮮やかに記憶にあります（母には申し訳ないが「暖かく懐かしい感覚」は乳房ではなく部屋の暗さやフスマのがらに感じている）。

フスマを背にして母は私に乳を与えようとしながら、なぜかもどかしいような表情を浮かべています。そして私は成長してから、母親は母乳が非常に出にくく、授乳のたびに苦労していたという話を聞き「ああ記憶の通りだ」と納得をしたものです。

この種の記憶を持つ人は意外に多く存在します。著名人では三島由紀夫が『仮面の告白』中で、自分が浸かっている産湯のタライのふちに光がさし、その下の水が照り映えているのを鮮明に覚えていると書いています。

役人も検証した京王線と受乳の前世記憶「勝五郎の前世記憶」

私には路上の京王線と受乳の記憶がありますが、前世の記憶はありません。強いて言えば判然としないものがひとつだけあり、幼稚園に上がる前年ごろまで特定の動作をしながら特定の言葉を発する癖があったのを覚えています。しかしその動作も言葉も意味不明で、何かを思い出しながらそれをしていたわけでもありません。さらに、京王線と受乳場面に共通する「暖かい懐かしさ」も全く帯びていないので、これは前世の何かを表現していたというより幼児特有のジャーゴンであったろうと思っています。

さて、国内外で生まれ変わり現象の研究は進んでおり、多くの幼児が前世の記憶を持っていることが判明しつつあります。そして、研究進捗のためにも「二歳から六歳ごろまで、どんな些細なことでもいいから子供がしゃべったことをメモしておこう」という家族への呼びかけが進められています。

前世記憶がかなりはっきりした形で記録されている日本の文献として、江戸時代後期の国学者・平田篤胤の『勝五郎再生記聞』があります。

子供が話した前世記憶ですが、家族や地頭、何人もの役人によって記録され、生まれ変わりの前後の精密な検証も行われています。原著は旧かなづかい、江戸期の文体ですが、以下、遠森による現代語訳と大幅な要約を記します（『仙境異聞　勝五郎再生記聞』（岩波文庫）の三六七〜三七四ページを参照して要約）。

＊　＊　＊

江戸時代の文政五　壬午年、武州多摩郡（現在の東京都西部の広域）の中野村に、勝五郎という八歳の男の子がいた。彼は前世の記憶をはっきり持っていて、自分以外の誰もがそうであると思い込んでいた。

そのため、あるとき兄の乙次郎と姉のふさに「兄ちゃんと姉ちゃんは、生まれる前に誰の子で、この家に生まれ変わってきたの？」と尋ねた。

乙次郎は「そんなこと知らない」とだけ答えたが、ふさは「どこの誰が生まれ変わってこの家に来たかなんて、どうして知ることができるの？　おかしなことを訊くのね」といって笑った。

すると勝五郎は、「じゃあ姉ちゃんは、生まれる前のことを知らないの？」と言い、納得がいかない様子。ふさが「それならあんたは知ってるの？」と訊くと、「ぼくはよく知ってるよ、程窪村の久兵衛という人の息子で、藤蔵という名前だったんだ」と答えた。

ふさが怪しんで、「お父さんやお母さんにそれを伝えておこう」と言うと、勝五郎は自分が異常らしいと気づき、ふさに「誰にも言わないで！」と泣いて頼む。ふさは「それなら内緒にしておくわ、でもあんたが今後、悪さをして、私が止めても聞かなかったら、その時は話すわよ」と約束した。

その後、勝五郎とふさが口論になったとき、ふさが制止すると勝五郎はピタリと黙るようになった。それを不審に思った両親がふさに問いただすと、彼女はやむを得ないという様子で、勝五郎が前世を覚えていることを全て話した。

その後、勝五郎は両親と祖母になだめすかされ、渋々と自分の前世記憶を告白した。

「ぼくはこの家に生まれる前、程窪村の子だったんだ。父の名前は久兵衛、母の名前はおしづ。ぼくが小さい頃に父は亡くなり、その後、母は半四郎という人と再婚した。半四郎さんはぼくを可愛がり、育ててくれたけれど、ぼくは六歳のとき病気で死んでしまったんだ。

息が絶えるときは何も苦しくなかったけれど、その後少し苦しかった。でもそれからはちっとも苦しいことはなかった。棺桶に体を強く押し込まれたので、ぼくは桶の外に飛び出て、そばで見ていた。山に葬送に行くときは、白く覆った龕《ずし》の上に乗っていった。棺桶を穴に落とすときに響いた音は印象的で、今もよく覚えている。

お坊さんたちが読経してくれたけれど、ぼくは地獄極楽に行くこともなくその場にいた。だから「坊さんというのは銭儲けのためにあんなことをしてるんだな」と思い、気分が悪くなったので家に帰った。

そして机の上に乗って、ときどき人に話しかけたりしたけれど、ぼくの声は聞こえないようだった。その後、白髪を長く垂らし、黒い着物を着たおじいさんが呼ぶので、ついていった。そうしたら、どこだか判らないが綺麗な小高い草原に出たので、そこでしばらく遊んでいた。花の枝を折ろうとしてカラスが出てきた時は怖かった。

我が家で親たちが会話する声も聞こえ、読経も聞こえた。でもぼくは坊さんを不快に思うだけだった。お供えの食べ物は食べることができないけれど、温かい食べ物はその湯気でおいしそうに感じられた。七月にお盆の迎え火を焚くとき、家に帰ったらお団子が供えてあった。

何か月もその草原で遊んでから、白髪のおじいさんに連れられて、今のこの家（勝五郎として暮らしている家）の前を通った。おじいさんがこの家を指して「ここに入って生まれなさい」と言うので、それに従い、おじいさんと別れて庭の柿の木の下にいた。

三日後、窓の穴から家の中に入り、かまどのそばにまた三日間いた。お父さんとお母さんが話をしていて、何か、お母さんが遠いところに行くことになるようだった。

その後、お母さんの胎内に入ったようだけど、よく覚えてない。ただ、胎内にいるとき、お母さんが苦しいだろうと思って、脇のほうへ寄ったりしていたことは覚えている。

この他にも、四、五歳くらいまではいろいろ覚えていたのだけれど、だんだん忘れてしまった」

以上が、勝五郎が家族に語ったことである。

父母はこの話の中の「母が遠くに行く話をしていた」部分が、まさに勝五郎を孕んだ正月であり、そのとき妻（母）が江戸に出稼ぎに行く話をしていたことを思い出した。

また、前世で暮らしていたという程窪（程久保）村というのも、自宅から一里半（約六キロ）離れた山向こうに実在するため、勝五郎を連れ、家族で出かけてみた。

勝五郎は村の道を迷わず歩き、かつて自分が藤蔵として暮らしていた家に入った。その家には勝五郎の前世記憶どおり、半四郎夫婦が住んでいた。

夫婦は、勝五郎の祖母から詳しい経緯を聞くと涙ぐみ、彼を抱き上げて「藤蔵の面ざしによく似ている」と言った。勝五郎は抱かれながら、向かいの煙草屋を指さし、「ぼくがここにいた頃、あの屋根は無かったし、あの木も無かった」と言う。これは実際にそうだったので、半四郎夫婦はますます驚いた。

やがて親族も集まってきた。亡き久兵衛（藤蔵の実父）の妹は、勝五郎を見て「久兵衛兄さんに似ている」と言って泣いた。

その日、家族は一旦中野村に帰ったが、勝五郎の父は暇があれば息子を半四郎夫婦の家や、久兵衛のお墓に連れて行き、両家は親戚づきあいをして仲良く暮らした。

＊　＊　＊

ここまで、勝五郎の語った内容の記録を、私が大幅要約して現代語に直したものです。なお、『勝五郎再生記聞』には、次のようなことも平田篤胤によって記録されています。
●勝五郎は生まれつき、化け物や幽霊などを少しも怖がらなかった。
●父が遠縁の重病人を家に引き取ったとき、その病相の恐ろしさから、兄や姉は近寄りたがらないのに、勝五郎だけは平気で看病していた。
●その病人が死んだ後、兄や姉はますます怖がって夜中に厠へ行けなくなったのに、勝五郎は「死んだ人を恐れることはないし、自分も死ぬことがちっとも怖くない」と言った。
●勝五郎が死を恐れない理由として述べたことは、おおまかに次の通り。
自分がかつて（藤蔵として）死んだとき、人々がそう言うので「ああ自分は死んだのか」と気づいたようなわけで、自分としては死んだ気がしなかった。

その死んだという時も、人が見るほどには苦しくなかったし、死んだ後もつらいことはなかった。夜も闇ではなかったし、いくら歩いても疲れなかった。黒い着物のおじいさんのそばにいれば何も怖くなかった。それに、生まれ変わったのが六年後だということだけれど、自分には暫しの間としか思えなかった。

藤蔵の死後のふるまいと私たちの「夢」の酷似

勝五郎の語った内容が前世・藤蔵の経験と照らし合わせて、驚くほど整合しているという点が、この記録を長く後世に伝えることになった最大のインパクトです。

私も彼の前世記憶は、世界的に見てもすごいと思います。また、子供のたわごとと片づけず、公的機関の大人が複数で検証したことも特筆に値します。

江戸時代の中野村や程窪村は、今の八王子市からは想像もつかないひなびた農村だったのですが、それでも役場は個人個人の生い立ちや縁故関係などを詳しく記録し、戸籍として管理していました。そのおかげで勝五郎の記憶の検証がスムーズにできたわけで、このへんは日本の几帳面な風土が大いに役立ったと思います。

そして、その驚くべき「転生前後の整合性」と同じくらい、私が興味を持っているところがあります。

それは「藤蔵の死後のふるまい」です。

私は「リアル夢」「幽体離脱」「死後」は、みな同じ状態なのではないかと推測しています。なので、勝五郎が「藤蔵の死後」として語った部分を読んだとき、大きな裏づけを得た思いがしました。

まず「死亡時は苦しくなく、しばらくしてから苦しくなり、再び全く苦しくなくなった」と述べていますが、これは脳が絶命を感知すると麻薬物質を最大レベルで放出し、苦痛をなくすことと整合します。絶命後しばらくして苦しくなったのは、脳の麻薬物質による効果が切れたからでしょう。しかし、藤蔵は再び苦痛を感じなくなります。

彼が体外離脱するのは「棺桶に強く押し込められたとき」ですが、それより前の、まだ体の中にいる状態で苦しみが消えます。体の末梢神経などが働かなくなったのか、体と魂を結ぶケーブルが切れたのか、どちらかの理由によるものでしょう。

その後、藤蔵の魂は、棺桶に押し込められた勢いで外に飛び出すのですが、このあたりから「夢」との共通点が多々見られるようになります。

リアル夢を見る人は感覚的に判ると思いますが、たとえば夢の中で寿司詰めの満員電車に乗っていたとします。停車駅ごとにどんどん人が乗ってきて、あまりの窮屈さに「これはたまらん！」と思った拍子に、走行中の電車から飛び出してしまったりします。*1

また、藤蔵の魂が死後に遊んでいたという「どこだか判らない小高い草原」は、勝五郎の話を聞いた父親によって中野村の産土神《うぶすなのかみ》（そこで生まれた人の一生を守護する神。この場合の「一生」は「死後、魂になって以降」も含むので、藤蔵の魂が生まれ変わるまで産土神の境内で遊んでいたことは整合する）、熊野権現のあたりだろうと推測されています。

そして、このへんの感覚もリアル夢に酷似します。生々しい夢に出てくる風景……どこだか判らないけれども、そう遠いところでもなさそうだというあの感覚です。そうしたリアル夢の中の風景は、記憶しておくと、やはり夢の中で思った通り、自宅からさほど遠くない地域にある場合が多く、後日偶然に見つけて「あっ、ここだ」と驚くことがよくあります。

また、その草原で遊んでいるうち、実際には六年が経過していたにもかかわらず、勝五郎の記憶では「暫しの間」としか認識されていないところも夢ときわめて似ています。夢もよく、時間が縮んだように感じます。リアル夢では、あちこちの街を五分程度で回ってしまえたりします。それが体外離脱であったとすると「魂の意識が稼働していた時間の合計」が五分程度ということでしょう。

勝五郎の魂が六年間を「暫しの間」に感じたなら、それも同じで、魂の意識が休眠状態にあった期間が記憶されていないのだと思います。あるいは、意識はずっと稼働していたものの、のちに記憶として残るのが一部分にすぎないため、「夢」も「死後」も、どうしても時間が縮まったように感じる……ということなのかもしれません。

そして、夢との酷似が最も感じられるのが次の点です。藤蔵の魂が生まれ変わるべき家（勝五郎の家）に入り込むとき「窓の穴」から入っているのです。

私たちの夢でも、どこかに入り込みたいとき、生身の体を伴っていては到底くぐれないような穴やスキマから入れたりします。いや、もっと正確に言うと、その小さな穴をくぐって入れたのではなく、「この小さなスキマから中の部屋に入れないかなあ」と思った瞬間に、もう中の部屋に移動しているのです（くぐり抜けるプロセスがない）。[*II]

藤蔵の魂もおそらくそういった感覚で家に入り、勝五郎として生まれ変わったのではないでしょうか。

ちなみに臨死体験者にインタビューする昨今の研究では、絶命の瞬間にはちょうど覚醒から眠りに入るときのような、何かがフッと外れる感じがしたという回答が多いようです。そして、外れたあとは光を見たり浮遊感を覚えたりします。このあたりも、魂・精神・夢がほぼ同じものである根拠のひとつになりそうです。

＊Ⅰ・Ⅱ　「別のところに行きたい」と軽く思った瞬間に移動してしまう現象は夢に酷似するほか、体外離脱でもよく報告される（116〜118ページ）。心停止状態での体外離脱例から再引用する。

「マリアは医者たちの作業を見ているのにあきて、何か他のことをしようと思った瞬間、今度は救急治療室の窓のすぐ外の、病院の玄関の上あたりの空間にいたというのである。救急治療室からそこに移動するというプロセスはなくて、一瞬にしてそちらに移っていたという」。瞬間移動というとSF的な印象があるが、何万光年を隔てて情報が瞬間伝達（物質の瞬間移動ではない）するという現象も発見されている。（「二光子干渉」172〜173ページ）

精子のころから覚えている子供

勝五郎の話では、前世のほかにも新しい母親の胎内に入ったことや、胎内で位置調整して母親の苦痛緩和を図っていたことなど、驚くような述懐が続きます。昔から、子供のためらいを解きながら上手に聞きだせば、こうした記憶を幼い子供は結構持っているようです。

現役の精神科医と産科医の対談本『魂の処方箋』（越智啓子・池川明／オープンエンド）には、魂の状態から母親の胎内に宿り、出産されるまでの記憶を持つ子供の、多くの事例が記録されています。

この本の対談で、発言者である池川明氏は、産科医師をつとめるかたわら、米国に本拠地がある「出生前・周産期心理学協会」の日本におけるアドバイザーもしています。聞き手役をしている越智啓子氏は、東京女子医科大学を卒業後、国内外の病院や児童相談所での勤務経験を持つ現役の精神科医です。なので、記録されている事例も「うわさ話」のようなあいまいなものでなく信頼が持てます。

同書では、二〇〇二～二〇〇三年に長野県諏訪市と塩尻市で池川医師が実施した胎内記憶調査が紹介されています。これは、一般の保育園に通う三六〇一組の親子にアンケートしたもので、約半数から回答が得られたそうです。

回答の中で最も多かったのは「暗かった」「せまかった」「長いひも（臍帯）があった」など子宮内の状態の記憶。自分の状態の記憶としては「泳いでいた」「丸まっていた」というもののほか、「おなかを蹴って遊んだ」という回答もあり、これは勝五郎の「母親が苦しまないよう位置調整した」という記憶と同じ、自分の「行動」を覚えているものです。

また、妊娠中につけられた仮の名前を記憶している子供や、出産時に苦しまないよう「スルスルポンって生まれて」と〝お願い〟されたのを覚えている子供、産道を通って外界へ出る自分の状態や、出産を担当した産科医師の様子を覚えている子もいるそうです。

胎児の目や耳が機能するはずがない、と言ってしまえばそれまでですが、私も目があけられない緊急時に線画でものを見た経験があり（132～134ページ）、こうした現象は強い共感覚（親しい人の体内の病患部が見えるとか、排卵が見えるなど）、意識サーチの力、魂の作業として可能なのではないかと思います。

先述の勝五郎の魂は、窓から家に入って数日間の待機後、母親の中に入ったことを記憶していますが、池川医師の調査では現代でも精子のころから覚えている子供がいるそうです。

生命が受胎以前から存在することを裏付けうる、非常に興味深い内容ですので、以下、同書より引用します（池川氏と越智氏の対談）。

池川　（中略）最も詳細に覚えている子は、イラストを描きながら、こんなことを言っています。

「生まれる前は、目に見えない玉みたいなかたちで、星のない宇宙のようなところを、ピョンピョンはねて遊んでいた。嬉しくも悲しくもない気持ち。それから、イトミミズみたいなのになって、ぼくは数えきれないほどいっぱいあるうちの一つ。レースしているみたいに、泳いで走っている。それで、ぼくが一位になったみたいな感じ。そうしたら、卵になった。他のイトミミズがどこに行ったのかは知らない。

ある日突然、体が増え始めた。ぼくはそのままでよかったのに、おなかが分かれてきた。最初は、ぶたの赤ちゃんが丸まったみたいで、まぶたがやたらあつい。

最初は真っ暗だけど、その後ちょっとずつ、目は開かなくても、光のようなものが見えてくる。はじめは手とかはほとんどなくて、手首はあっても、指はない感じ。手や足は、毎日ちょっとずつ生えてくる。イトミミズのときはないけれど、ぶたの赤ちゃんのときから、ホースができてくる」

越智　発生学の教科書通りの経過ですね。

池川　そうなのです。はじめはまぶたがあついことや、手や足が生えてくる順序など、一般のおとなも知らない内容を話しているので、インタビューしたときは、本当にびっくりしました。

また、池川医師は同書で、胎児が母親の言葉などを理解していたり、精子の頃から覚えていたりする現象について、次のように分析しておられます。

赤ちゃんは、すでに妊娠一〇週で皮膚感覚が生じ始め、一六週になると、全身感覚もあるのです。音は皮膚を通して伝わりますから、聴覚が完成する前、すでに一〇週くらいから、肉体レベルで言葉を感じとっている可能性はあります。

それに、そもそも魂のレベルでいうなら、赤ちゃんは体ができる前から、すでにお母さんの愛情を感じとれると思うのです。

池川医師は共感覚について格別に触れていませんが、前段は「言葉を皮膚感覚で理解している」ということなので、これは私が本書で述べている共感覚にかなり近い様態だと思われます。また、後段の「魂レベルで愛情を感じとれる」というのも、勝五郎をはじめ、本書で紹介しているさまざまな精神現象の核心部分と一致します。

そして、自分がたくさんの精子になってレースをし、卵子に先着したものが細胞分裂しながら「ぶたの赤ちゃん」のようになっていく過程を自覚しているということは、「外から見ている状態」を示唆しており、「物理的な組織（精子～胎児）」と「魂」とが一体であったり遊離したりしている様子がうかがえます。「肉体に宿っている自分」と「それを俯瞰している自分」とが併存（または頻繁に交替）するのもリアル夢ではよくあるパターンなので、やはり人が魂になっている状態というのは夢見状態と同じなのではないかと思います。

胎内記憶と共感覚を結ぶ「ＨＳＰ」

私は150～153ページで述べたように、生まれる前に母親が見た京王線の記憶が移っていることもあり、『魂の処方箋』はとても興味深く読むことができ、以後は人に会うごとに、似たような記憶を持っていないか尋ねることにしていました。

すると、

①成人後も母胎内の記憶や誕生記憶がある人

②今は覚えていないが、幼い頃にそのようなことを口走るのを家族が聞いていたという人

など、何人かと知り合うことができました。

そして私は彼らに、共感覚的なものを持っているかどうかを尋ねていますが、①の人は全員が共感覚を持っています。②の人は持っている・いないが半々です。

こうしたことは、おそらく共感覚者にＨＳＰ（超敏感性格）の人が非常に多いことと関係があると思います。

共感覚も記憶も脳神経が深くかかわる現象ですから、胎内記憶や誕生記憶がある人はＨＳＰという共通項を以って、共感覚とつながっているのでしょう。

そして霊視やテレパシーなど、その他あらゆる精神的な不思議現象も、ＨＳＰが「かなめ」になっていると思われます。

共感覚がまだ認知されてから歴史が浅いため、「胎内記憶保持者や霊媒、超能力者がどのていど共感覚を持っているか」の調査は行われていませんが、おそらくこれは世界のどこで調査しても、有意に高い比率を示すと思います。

今あらためて「キリンの首」を考えてみる

世界で今、生まれ変わりが研究されている理由の一つに、この存在さえ認められれば生物の進化の説明がかなりつく、ということがあります。

よく「キリンの首は高いところの葉を食べたい食べたいと思っているうちに伸びた」という話がなされます。

キリンを持ち出さなくとも、もっと身近に、しかも短いスパンで起きていることとして、日本人の顔やスタイルがここ数十年のあいだに、まさに一九七〇年代のファッション雑誌が追い求めた通りに変化したことが挙げられます。これらは、単に子を孕んだ母親が願っただけで影響するとは考えにくい現象です。

ならびに、「高いところの葉を食べたい」と切望した個体の魂が、死亡と同時に消滅してしまっても、これは次代に反映されないので、やはりここには「思念」が世代間にまたがり、代を継いで肉体に反映されていることが推察されます。

ちなみに、前世の死因が後世の身体に受け継がれることもあります。例えば「前世のぼくは首を銃で撃たれて死んだ」と語る子供の首に、銃による傷痕らしき痣があるなどの事例は、古今東西さほど珍しくありません。

これはキリンの首と違い、代を継いで残っても役に立たないものですし、「傷跡を後世に残そう」と魂が念じるものかどうかも判りませんが、ともかく現象だけは昔から現れ続けているのです。

「意識」と「宇宙」

前掲書『超常現象　科学者たちの挑戦』には、生まれ変わり研究の世界的権威である米国バージニア大学医学部・知覚研究室のジム・タッカー博士がＮＨＫ取材班に述べた言葉が掲載されており、非常に興味深い内容なので以下引用します（第一部・episode4『生まれ変わりの子どもたち』中、「前世の人物が特定されたという事例」より）。

「これらの事例を研究していく中で、我々は確信していきました。この世界には単なる物理法則を超えるものがあるのだと。そして物理世界とは別の空間に〝意識〟の要素が存在するのだと。意識は単に脳に植えつけられたものではないのです。おそらく宇宙全般を見る際に、全く別の理解が必要になってくるでしょう。現在の宇宙観は宇宙を単なる物理的なものとし、物質的なもの以外は存在しないとしています。しかしそれらの見方を考え直し、常識とは異なる方法で見る必要があります」

同書にはまた、米国アリゾナ大学・意識研究センター所長のスチュアート・ハメロフ博士による次のような仮説も紹介されています（同右、「未来へ——意識の科学」より）。

脳で生まれる意識は、この世界の最も小さな物質よりさらに小さな存在だという。その意識は、重力や時間、空間にとらわれない性質を持ち、人間の脳を出入りすることがあるとハメロフ博士は言うのだ。

「人が普通に生きている状態では〝意識〟は脳の中に納まっています。しかし、心臓が止まると、意識は宇宙に拡散します。患者が蘇生した場合、それは体の中に戻り、臨死体験をしたと言うでしょう。しかし、患者が蘇生しなければ、その情報は宇宙の中にあり続けるか、別の生命体と結びついて、生まれ変わるのかもしれません。証明できてはいませんが、ありえるメカニズムだと思います。私たちはみんな宇宙を通してつながっていると考えられるのです」

引用はここまでで、以下は私の考えです。

ハメロフ博士の「心停止とともに意識が宇宙に拡散され、蘇生や生まれ変わりによって生体に戻る」という説を読んだときは、さすがに私もある種の「ついていけなさ」を感じました。しかし、宇宙という言葉に気おされずに踏ん張り、よく考えてみると、確かに「宇宙」の概念を超える視座は重要だとも思えます。

既存の宇宙観を超えて考えるのが理想なのでしょうが、どうも日本語的に「宇宙」というと身構えてしまうので、「空間」という言葉に置き換えてみると案外受け入れやすいかもしれません。

たとえば、生まれ変わり現象がとてつもなく離れた空間を超越して発生していること……。*1

夢テレパシー実験で「送信者」と「受信者」をかなり引き離しても結果が変わらないこと……。

さらに、乱数発生器の観測（121〜123ページ）も、世界各地で同時観測されているのに、はるかな空間を超えて、有意な偏差を長年にわたり打ち出し続けています。

乱数発生器には量子のひとつである光子が使われているのですが、この光子を分裂させて「光子対」という双子の状態にし、その片方を操作すると、もう片方はどんなに遠く引き離しても、瞬間的に操作された状態に変化するという性質があります。*Ⅱ これを二光子干渉といい、たとえ何万光年という距離をへだてようと瞬間的な変化が起きることが理論上は確かめられています。

さらに、この光子たるもの、意識が体外に出て仕事することを裏付ける実験で、有意偏差をみせた物質でもあります（光子のスリット実験124～125ページ）。

こうした光子の性質が、魂のふるまいや意識の力、宇宙との関わりなどを解明する手掛かりになるように思えます。

＊Ⅰ　近年では英国で死亡した人物が日本人に生まれ変わったと思われる事例がある。ベビーカーに乗せた幼児が累乗数を書きつらね「ナンバー・イズ・ベリー・ビューティフル」と流暢な発音で話すなど不思議な行動をとり、三歳になると英国で住んでいた地名や住環境、当時の英国での事件などを語りはじめて、母親が正確に記録している。前世者の感性と思われる「数字はとても美しい」には、アスペルガー症候群の共感覚者にみられる「独特の興味対象を鑑賞する傾向」がうかがえる。

＊Ⅱ　光子対の片方に、ある情報をインプットすると、何万光年も引き離したもう片方が瞬時にその情報を受けた状態になる。これは「物質」ではなく「情報」が距離を超越するのであるから、魂の瞬間移動に関係づけるのは早計だが、ともあれ何万光年離しても同時に反応する

というのは驚異的である。これが実用化されれば情報伝達速度の大変な高速化（「同時化」か?）が期待できるため「量子コンピュータ」の開発に向けた研究がはじめられている。

第七章　遊離意識群と「引き寄せ力」

意識群が絡み合って未来を作る

シンクロニシティ（共時性）……「意味のある偶然の一致」を説いたスイスの心理学者、カール・グスタフ・ユング（一八七五〜一九六一）は、人間の意識は「集合的無意識」によって全てつながっているとしています。

私たちは、身体は別々でも、集合的無意識が相互に作用しあい、個人の心に集合的無意識が入り込んで影響したり、逆に個人の意識が集合的無意識に影響したりしている——人の意識は個別的に見えて、実は交流している——ということです。それゆえ、人間は無意識に未来を作り出しているわけで、確率的には到底あり得ないような偶然が起こる、というのがユングのシンクロニシティの要旨です。

既述のマナカナさんのような双生児のシンクロだけでなく、人は誰でも、無意識の領域でつながっているので、奇跡的な巡りあわせが起きたり、吉運を判断できたりするというわけです。共感覚を格別に自覚していない人でも、たいていはユングのシンクロニシティのような体験をしています。

例えば、ずっと昔に諦めていたことを唐突に思い出し、「そういえば自分はこれがしたかったんだ」と気づいた直後、あり得ない確率でその望みが叶ってしまうとか、こういう人に出会えるのではないか、という気がした直後に、予感と全く同じ人と知り合う機会を得た……などの体験です。

こうした体験をすると、「何だこれは！　偶然ではあり得ないだろう！」とかなり驚くものの、かといって理由も思いつかないので、「いや、やっぱり偶然だ、錯覚だ」として片づけてしまいがちです。

そうした奇跡レベルの偶然を体験している人は、私の知る限りでは通常者よりも共感覚者に明らかに多いです。これは共感覚者ゆえのＨＳＰが、意識が外に出て仕事することに関係していると私は考えています。

人間の脳は、その所有者が思っているより遥かに高性能です。特に、身体が置かれている状況の把握、及びそれを分析する能力は、その大部分が潜在したまま、普段は使われていないとみられます。

ユングが説いたとおり、人々の意識が互いに干渉し合って未来を作り上げているとするなら、吉運や凶事を分別するスキャン機能も脳は持っていることになります。

もちろん、「時間を操って未来に行って帰ってくる」ことは無理です。しかし、脳のスキャン能力によって、幸せな人々の運気が集まっている場所を探し、自分もそこに向かうようにするとか、逆に凶事に嘆く人々の気配を察知して、避けるようにするなどの行動を、誰もが大なり小なり、脳によってとらされていると思います。

笑う門には福来たる

「笑門来福」（笑う門には福来たる）も、意識サーチとともに昔人たちが見つけていた経験則だと考えられます。

気鬱でいるより笑っていたほうが心身ともに健康になる、というのはスピリチュアルではなく、医学的に根拠があります。

顔のパーツを動かす「表情筋」は、リラックス状態のときに活性化する副交感神経と関わりがあり、表情筋エクササイズなどを毎日続けていると心も体も軽くなります。歯でペンを横にくわえ、「笑っている」という情報を脳に送るだけでも、不思議なほど気分が違ってきます。脳は複雑かつ深遠な臓器ではあるのですが、案外こういうところは単純で、簡単に騙されてくれます。

今流行している「引き寄せ力」に何らかの法則があるとしたら、それこそが「笑門来福」ではないでしょうか。

笑顔は実際に福を呼び、福のあるところには更に福が集まってきます。

私は慢性的に抑うつを持っているので「笑える気分じゃない！」というのもよく判ります。そんな時でも、先述のように表情筋を動かして仮の笑顔を作り、脳を騙して副交感神経を作動させてみます。すると少しだけ心が軽くなり、回を重ねるごとに心のなごみ方が本物に近づいていって、次第に笑顔を生み出せるようになります。

そして、副交感神経モードを作り出すことは、身体面で健康になるだけではなく、意識サーチ能力を発揮するためにも役立ちます。リラックス神経と呼ばれる通り、副交感神経が優勢のとき、人の意識はより柔軟に、よりクリアになります。

交霊や夢テレパシーなどは、心が安らいでいる副交感神経モードのときによく発生します。

副交感神経と対をなす「交感神経」は、心身を活動モードにするので興奮してしまい、吉運センサーが働きにくくなります。もちろん交感神経も幸運を招くためには必要で、積極性や行動力、楽しさを希求する欲望など、プラスの力を発動してくれます。なので、交感神経自体が幸運を阻むのではありません。

厄介なのは、交感神経優位時の活動モードは「妬み」や「恨み」などのマイナス意識をも生みだしてしまうところです。これらの意識を持ち続けていると、感情を司る神経が少しずつ劣化していきます。さらに、意識サーチを阻み、わざわざ周囲のマイナス意識群を呼び寄せてしまう結果にもなります。

リアル社会でも「類は友を呼ぶ」と言われ、AだAだとばかり言っていると、A属性の人物ばかりが寄ってきます。やがてそれは多数の力となり、物理的なA現象をもたらします。

意識の世界もこれと同じです。不吉なことばかり考えていると、そっち方面の意識を知らず知らずのうちに呼び寄せてしまうことになります。そして不吉な意識の群れとなり、やがて物理的な凶事を起こしてしまう可能性があります。

「虫の知らせ」や「天の声」

誰でも「吉凶を感じとりやすい、もう一人の自分がいる」と意識することがあります。

そうした人格が何かを教えてくれているときは、ユングの説く集合的無意識を共感覚的にキャッチしているのだと思います。自分が進もうとしている先にマイナス意識の群れがあり、それを自分の意識がサーチして警戒を発しているのでしょう。

昔の日本人は、そういう気分を「虫が知らせている」とか「天がやめろと言っている」と解釈して立ち止まり、ものごとの進め方や行く先を考え直していました。この感覚は書記素色覚や色聴などの有無にかかわらず、多くの人が生涯にわたり持ち続ける共感覚的な危機回避能力です。

昔よりも意識サーチを阻む電磁波や騒音がはるかに多い現代でも、「悪い予感ほどよく当たる」と感じている人は非常に多くいます。霊や超能力に否定的な人でも、これはさすがに否定のしようがないほどよく経験するらしく、「あれはどうも、あるなあ……」と言います。

マイナス意識の群れが近づいていること、または、自分からそっちに向かおうとしていることを、意識がサーチして教えてくれているときは、とりあえずリラックスする……手っ取り早いのは深呼吸するのが有効だと思います。ゆっくり深呼吸すると、副交感神経が優位になるので意識能力が高まり、その後の判断が正確になります。

ハグやアニマルセラピーの効果

副交感神経を優位にさせる有効な方法として、昨今「ハグ」が注目されています。

優しく抱きしめあう「ハグ」により、気分的にやすらぐだけでなく、物理的に身心の能力を高める物質「オキシトシン」*が脳から分泌されることが判ってきました。

オキシトシンは脳の下部にある脳下垂体という器官が分泌するホルモンの一種で、心身両面に働きかけます。なので若返りや気鬱のリセットなど精神的な作用だけでなく、病気の快復（肉体的な傷を含む）を助けたり、神経線維のはたらきを改善したりといった物理的な効果もあります。

日本では日常的にハグする習慣がなく、仲のいい人同士でも遠慮しがちなのですが、オキシトシンは実際にハグしなくても、ハグしている想像をするだけでも分泌されます。自分好みの素敵な人とハグする妄想だけでオキシトシンが分泌されるわけですから、手っ取り早い上、かなり都合がいい仕組みです。心身が疲れはてて寝込んでしまっているときでも行なえます。意識力の活性化にもつながるので吉運引き寄せにも役立ちます。

そして、このハグ効果を医療現場に応用したものが動物介在療法、いわゆる「アニマルセラピー」です。療養施設や老人ホームなどで犬や猫を飼い、滞在者と触れあってもらうことで心身の状態を向上させます。

アニマルセラピーの原型は乗馬療法で、これは古代ローマ帝国時代に負傷兵のリハビリに使われたとされています。医療現場への導入は一七九二年の英国の精神病院で、院内に小動物を放し飼いにし、患者と触れあわせることによって治療効果の向上が認められています。

精神面だけでなく肉体的な疾患への効果が確認されたのが一九八〇年で、米国で心筋梗塞患者の発作後延命率を調べたところ、ペットを飼っている患者のほうが、飼っていない患者よりも三倍も延命率が高いことが判りました。

日本でも大正時代に一部の医師が、患者に動植物の世話をさせるセラピーを実施しています。しかし戦後は「目に見えないものは信じない」というニヒリズムが幅を利かせたせいか、本格的なアニマルセラピーの導入には抵抗があったようです。

が、一九八六年に社団法人・日本動物病院福祉協会が病院や福祉施設に動物を連れていき、患者や入居者と触れあわせる試みを始めました。結果、実際に「気分的に癒される」だけではなく、病気の回復を助けることがわかり、アニマルセラピーは全国に広まっていきました。

ハグ効果は抱き合わなくても構わないのです。気に入った動物と一緒に過ごすだけでオキシトシンは分泌されます。また、「可愛い」と感じたり「撫でてあげたら喜んでいる」という実感を得ることも、副交感神経を優位にさせるので心身の癒しにつながります。

余談ですが、拙著『アトピー!』(三交社)で私は「獣アレルギーでアトピーを発症している場合でも、ペットの毛やフケの掃除をまめにして、自分自身もマスクで防備したり、触れあった後に手を洗ったりできるならば飼えるし、ペットライフによるリラックス効果が症状を軽減しうる」という主旨を書きました。

獣アレルギーがあるアトピーの患者さんはペットを飼わないのが原則ではありますが、ケアや掃除をきちんとして、獣アレルギーのダメージよりもオキシトシン分泌による心身回復効果のほうが上回るならば、ペットを飼いながら治すという選択肢も有りなのです（むろん、飼いはじめたらペットの一生を面倒見るのが飼い主の責任なので、万一症状が悪化して飼えなくなった場合の引き取り人がいる場合のみ）。

＊　オキシトシンは臨床応用の研究がはじめられており、日本でもこれを配合したサプリメントやスプレーなどの医薬部外品がネット通販等で購入できるようになったが、そもそもハグや楽しい空想など、ごく簡単な行為によって分泌されるのだし、その分泌量も脳がさじ加減した適切量なのであるから、外部からそれ以上を医師の判断なしで摂ることには疑問を感じる。

漁師は凶事を予感する

神職などを除くと、意識サーチ能力を最も実感している職業は「漁師」ではないかと思います。私の知り合いに複数の漁師がいますが、住んでいる土地は違うのに異口同音に「よくないことが起きる前兆というのは判るものだ」と言います。船乗り仲間が皆、不吉な気配のようなものを共有したとき、無理に航行を続けると予期せぬ大波が来たり、突然の悪天候に見舞われたりするそうです。

漁師の仕事は「板子一枚地獄の底」（板一枚で地獄と隣り合わせ。船底が壊れただけで全員死んでしまうということ）と昔から言われてきました。現代の漁業は救命システムが発達し、たとえ船底が壊れても助かる手段が講じられています。しかしそれでも大海原で波風と戦う仕事は、生命に大きなリスクを背負っていることに変わりはありません。

人は意識サーチ能力を高める必要がある時、必ず自己暗示のセレモニーをします。

これは世界中で昔からそうで、自己暗示によって「キャッチできる」と信じることで意識がクリアになります。具体的には、自己暗示をかけることで論理性の強い左脳をなだめ、直感を担当する右脳に仕事をしやすくさせます。

世界中の人は昔から、自己暗示にそうした効果があることに気づいていました。日本の漁師の場合「船玉様」という神様に安全祈願をしてから出漁します。

遠洋漁業をする土地の中には、船玉様のほかにも、町の鎮守様に洋上から安全祈願するところが今も残っています。港を出てから、鎮守の社が見えるところで一度船を止め、漁師全員が心を静めて航行安全を祈ります。そうすることで自己暗示をかけ、意識のアンテナを研ぎ澄ませるのです。

「神に祈る」ことの意味

もちろん漁師以外にも、私たちは安全や健康を神に祈ります。日本を含むアジアでは、神様仏様に参拝するものの、人々は同時に「神様仏様そのものがどこかにいるわけではない」と漠然と認識しており、「何かよく判らないけれど、身のまわりのあらゆるものが自分を守ってくれている」というアニミズム型——山川草木あらゆるものに魂が宿るという感覚で信仰を続けてきました。

これは、現代の超心理学における、

●意識の死後残存
●生存中も意識は外に出て仕事する
●ユング的共時性、集合的無意識の絡み合い

などに照らしてみても整合します。

生きている者たちや亡くなった者たちの意識群が、私たちと同じ世界に存在し、相互に絡み合いながら互いを守ったり、あるいは傷つけたりしている（これは肉体を持つ人々の社会と同じ）と昔の人は考えていました。そして、それらと交信するために意識をクリアにするスポットとして設けたのが神像、神域です。彼らは神像と向かい合い、静かに心を落ち着かせて周囲の意識群と交信していました。

また同時に、意識がクリアになるということは副交感神経が優勢になるということですから、意識サーチが作動しやすくもなり、自分から吉運に向かっていったり、危機を回避したりもで

きるようになります。その意味で「神に祈る」ことは有効です。

何もない普段の空間で漠然と祈るより、対象物があるほうが自分自身を「お祈りモード」に切り替えやすいので、こうしたスポットは古代から世界中に造られました。

そして、歴史が下るにつれさまざまな宗教となり、神社仏閣や教会などになりました。そして、かしわ手を打つ、合掌する、十字を切るなどの「儀式」を帯びるようになっていきます。神域を訪ねることに儀式が加わると、お祈りモードをさらに強めることができるからです。

歌われない歌が示す「神的存在との交渉」

神とは「生きている人や亡くなった人の意識群」ですから、ある意味、私たちと対等な存在ともいえます。

自分自身の意識が知らず知らずのうちに誰かの意識に作用し、神になっている可能性もあります。

日本では古来、神を篤く信仰してきた一方で、案外対等に接してきた面も多々あります。

神社やお寺も「私は自分自身を大切にしますから、見守っていてください、どうぞよろしく！」という自分自身への誓いを宣言する場所でした。

共感覚的に神を感じとれていた明治中期ごろまでは、人々は対等に……あえて言えば結構打算的に、信仰を暮らしに取り入れてきました。神棚にお参りするとき、大人でも本気で「神様、あっしをこのまま貧乏にしていちゃあ、神様だって困るでしょう、上等のお神酒をあげられませんぜ？」などと掛け合うほど、気軽で身近な存在だったのです。

そうした「神との交渉」の名残りが、たとえば大正時代の童謡「てるてる坊主」（作詞・浅原鏡村）の三番にみられ、「晴れなかったら首をちょん切る」という内容の歌詞が盛り込まれています。

この三番は現代では、教育や公共の場でほぼ歌われることがありません。いわゆる差別語が使われているわけではないので放送禁止歌の類ではありませんが、首をちょん切るというのが情操教育上好ましくないと判断され、学校などでは二番で歌い終わるのが通例化しています。

私の世代（一九六〇年代生まれ）くらいまでは普通に歌っていたので、現代のてるてる坊主の歌はどうも物足りません。紙の人形の首を切る程度で児童がショックを受けるとは思えませんし、だいいちこの三番は、一番と二番で「願いが叶って晴れた」場合を歌っているのに対応して「お願いしたけれど雨が降った」場合を歌っているわけですから、これを削ってしまっては神頼みのドラマが終結しなくなってしまいます。

また、昔の人は、てるてる坊主「そのもの」が神様なのではないと判っていたから、もののたとえとして「ちょん切る」と歌ったまでです。

おまじないとしててるてる坊主を実践した世代である私の経験からいうと、晴れたとしても別段、歌詞のように金の鈴や甘いお酒をあげることはないし、雨が降ったとしても首を切ったりはしませんでした。周囲の同世代の人に尋ねてまわっても、雨に降られて斬首刑を行なった人はみつかりません。

てるてる坊主のような「おまじないの人型化」を含め全ての神的存在は、昔の人にとって、現代よりもずっと身近で親しみがあり、その親しさゆえに「首を切るぞ」と冗談交じりに交渉ができる相手だったということでしょう。そして「神様もその程度の冗談でバチをあてたりしない」という、仲のいい友人同然の信頼関係が成立していたことを、てるてる坊主の三番は示しているように思います。

人間にはスピリチュアルが必要

晴天を祈願しててるてる坊主を軒下にさげる子供はほとんどいなくなりましたが、現代でもおまじないはさまざまな形で行われています。昨今では運気を誘引するという「引き寄せ術」が流行っており、その流れでおまじない、おみくじ、パワースポットめぐりなどをする人が増えてきています。

おみくじやおまじない「そのもの」に霊的な力があるとは思いませんが、昔から「おみくじで大吉が出たら本当に良いことが続く」とか、「おまじないをしたら本当に願い事が叶った」という実体験がたくさんあるのも、これまた事実です。

これは、自己暗示によって活性化した意識が吉運をサーチし、引き寄せているのでしょう。大吉のおみくじをひいて、「やった！　きっと良いことがある」という意識になると、プラスの意識群が引き寄せられるので良いことが起きます。おまじないをして、「これで大丈夫、願い事が叶う」と信じると、安心してリラックス神経が優位になり、善意の意識群が願望達成を手伝いやすくなるので、叶う可能性が高まります。

逆に「おみくじで凶を引いたら悪いことばかり起こる」という経験談もよく聞きます。「凶を引いたから良くないことが起きるのでは……」と、マイナスの意識で過ごしていると、よからぬ意識群を引き寄せてしまうということでしょう。

大吉にせよ凶にせよ、おみくじ自体が人の未来を予言したのではなく、あくまで「その人自身が無意識でやっている」ということになります。ゆえに一番よくないのは、おみくじの結果や、「おまじないやお祈りをしなかったこと」に振り回されることです。

「凶を引いてしまったから、何かの儀式をして神様に許してもらわなければいけない」とか、「お祈りやおまじないをしなかったから、そのぶん何かで埋め合わせをしなければいけない」というのは、強迫神経症的な「意識力の消耗」につながってしまい、却ってよくない結果を招いてしまいそうです。

神様とは「自己と周囲の意識群のやりとり」のことですから、あまりそういう「何々しなきゃ！」的なマスト感にばかりとらわれていると、リアル社会と同じようにマイナスの属性が寄ってきます。なので、あくまでプラス方向にのみ有効な遊びとして、おみくじやおまじないを楽しむのが良いと思います。

おみくじやおまじないは、形は違えど世界中に存在します。最先端の科学研究機関の人も縁起をかつぎますし、電子頭脳制御の乗り物にもお守りや護符がつけられています。信仰が罪に問われた旧共産圏でも、易占や祈禱は庶民空間で密かに続けられていました（統制が最もきつかった時期の北朝鮮でも極秘裏にシャーマン型易占を行なう人がいたことが報告されている）。

おみくじやおまじない以外にも、本書で述べてきた「意識が体外に出て行う仕事」、いわゆるスピリチュアルと共存したがる心は、人間にどうしても必要なのです。単に気分的に和むというだけでなく、膨大な数の他者の意識群とつながり、日常生活に霊的なエネルギーを活かしていく上で意味があるからです（ただし主役はあくまで本人であり、目的は本人の快適さです。本人の主体性を奪い依存へと誘導する偽霊感ビジネスには要注意。199〜202ページで詳述）。

広義の共感覚を誰もが持っているように、霊媒や神官でなくとも他者の意識群と交信する能力は誰もが持ち、無意識のうちに暮らしの中で活用していると思います。私たちは霊視や引き寄せ力を格別に自覚しなくとも、生きている他者や死後の他者の意識群とつながりあい、この自然界を生きているのでしょう。

まとめ　私たちが自然界とつながっているうちに

現代人は未解明のものを即、存在しない、イコール感じてはいけないと自制してしまいがちです。これはかなりもったいないことです。

多くの共感覚者は最近まで（周囲の環境によっては今もなお）「そんな馬鹿なことがあるはずがない」「色を感じてしまうのは自分が異常だからだ」「みんなと同じになるためには色を感じてはいけない」と、自分の感覚を封じ込めようとし、その反動でうつになったり、せっかく創作に活かせる感性を無駄にしたまま、神経繊維の衰退に任せて忘れ去ってしまっていました。

かつては松尾芭蕉など優れた共感覚クリエイターを輩出した日本、ひらがな・カタカナ・漢字という三チャンネルの国語表記を持つ日本ですが「みんなと同じでなければいけない」という同調圧力が強い風土でもあり、ことに現代はそれが顕著に出ています。

共感覚が医学的に解明されている今でもなお、文字に色がつく人などがまだ「自分は異端、直さなければ」と苦悩してしまうのは、ひとえにこの同調圧力ゆえんです。

機序が解っている共感覚ですらこうですから、霊やテレパシーなどは言うまでもないでしょう。ようやく「引き寄せ力」などのイメージで、半信半疑ながらもプラスに、暮らしに活かそ

う と考える人が出てきましたが、本来は古人たちのように、もっと自然に自分の感覚を信じていいはずです。

そして、これらの現象は精神の働きですから、当然「翻訳可能性の高低・翻訳揺れの大小」があります。

色文字共感覚のように、対象物が確実にキャッチできるものなら（文字自体は必ず肉眼視できる）、翻訳可能性の高低や翻訳揺れはほとんどありません。共感覚をもたらす神経線維が維持できていて共感覚が生きている限りは、「ア」の文字に色を感じないことはなく、その色が赤（人による）以外に揺れることもありません。脳の文字担当と色覚担当を結ぶ神経線維が一生減衰しなければ、幼児期から死ぬ直前まで「ア」の文字に赤を感じ続けます。

一方、人の意識（魂）のように周囲の電磁波や光、音などによって遮蔽されやすいものは、キャッチできることとできないことがあり、キャッチできてもノイズが入っているため、状況によって異なる感じ方になることがままあります。

さらに「個人差・状況による感知の差」も発生します。

ノイズに邪魔されない書記素色覚でも、人によって感じ方の強弱や、感じる色の差異があります。ましてそれが対人色覚や霊視など、ノイズが入るものになれば、感知の仕方が環境や体調によって変わってくるのは当然です。

しかし、かつて心霊や超能力がブームになったとき、テレビにせっかく本物の可能性が高い人が登場しても、ゲストのタレントから「AさんとBさんの感じとっているものが違うのはおかしい」「以前に実験したときと結果が違う」などと囁われ、インチキの印象付けがなされてしまったことがあります。

霊的なものを捉え、脳が何らかのビジョン、あるいは音や触覚などに翻訳変換するとき、環境や体調が作用するのは当たり前で、いつでも同じ結果になるほうが道理にかなっていません。ところが、いつの時代も超常現象は、「結果がブレる」という一点で懐疑を向けられ続けています。研究者はそれらの不毛な懐疑を気にせず、「ブレて当然であってブレないほうがむしろおかしい」という視座でフィールドワークを進めていっていいと思います。

余談ですが、さきほどテレビでの霊媒や超能力者の扱いについて触れましたけれども、私が九〇年代（バブルの残り香が生きていて軽薄な娯楽番組が多かった頃）にテレビ番組の制作スタッフから聞いたところでは、本物の可能性が高い霊媒や超能力者というのは感受性の強さのためか暗い・しゃべらない・面白くないの「テレビ受けしない三要素」を具有していて画面映えがせず、たとえ信憑性が低くても派手な身なりでよくしゃべる人物のほうが断然視聴率が稼げるし、インチキの仕掛けや脚本を受け入れてくれるので制作陣としては使いやすかったそうです。

＊　＊　＊

「死後、魂として残れるのか」とか「神様にお願いしたらどの程度叶うのか」などは、人間が生きていく上で興味を持たずにはいられない、いわば永遠のテーマです。これらは「今夜良い夢を見られるか」「夢で誰かの意識とクロスできるか」と同じようなものだと思います。

リアルな夢をよく見る人もいれば、そうでもない人もいるので、「意識・夢・魂」が同質なのであれば、これもまた個人差があるとしか言いようがありません。ただ、177～179ページで述べたように、感情の劣化や神経線維の衰退を防ぐことは、死後に魂として残る（魂として過ごす期間に意識を覚醒させておく）ために最低限有効だと思います。

古人たちがそうしたように、意識がもたらす現象を「鳥がさえずる」「風が涼しい」などと同様、大自然の一部として受け入れることは、ストレスフルで癒しが求められる現代であればこそ意義があると思います。

人間は元々自然界の一部であったのに、科学の発展とともにそこからはみ出しつつある……そのことを高度経済成長期の真っ只中だった昭和時代の人は漠然とした危機感として捉えていて、よく「キツネやタヌキが人間を化かさなくなったのは、自然界の一員として認めてもらえなくなったからだ」などと当時のお年寄りが話していました。まあ、半分はネタ話ですが、案外、平成時代への警告のようにも思えます。

キツネやタヌキに化かされる現象も霊をみる共感覚と同じで、特定の哺乳類の意識を感知し、本人の経験則に従って特定の幻覚をみているということだと思います。

円山応挙の描いた幽霊が強くイメージされていた時代に、何かの意識を感知すると、その意識が持つメッセージ性に関係なく「髪が長く、白い着物で脚がない」姿を脳内にビジョン化していたのと同じです。

また、さきほど「特定の哺乳類」と書きましたが、必ずしも「感知したもの」はそういう哺乳類の意識ではないかもしれません。人の意識かもしれないし、何か他の自然現象かもしれません。

キツネは化かすだけですが、タヌキはおかしなことに「腹つづみを打つ」とも言われていました。むろん、実際のタヌキに腹を叩く生態はなく、それに似た動作も全く見られません。そのため近代では「遠くのお囃子が反響して腹つづみに聞こえたのだろう」という解釈が一般的です。

しかし、つづみや太鼓、いわゆる鳴り物を使った古典音楽の演奏が盛んに行われていた昭和三〇年代以前でも、その演奏が深夜まで長引くことはありませんでした。

吉原などの遊廓では、花魁《おいらん》が店頭の格子ごしに賑やかに三味線をひき、客を誘いました。また、客が芸者や幇間《ほうかん》（太鼓持ち）と宴をもよおし、そこでも芸として古典音楽が奏でられました。

……が、喧騒をきわめる時間は意外に短く、夏は夜八時四十分、冬は七時二十分までで、その後は客と花魁が睦みあう時間に移行しました。そして、深夜零時には全店が大戸をおろしてしまい、遊廓全体が静まり返ります。もちろん三味線や鳴り物は演奏されません。なので、仮に吉原のそばを歩いていたとしてもお囃子が反響して聞こえることがありません。

ところが、タヌキの腹つづみなるものは零時以降の深夜時間帯のほうが、むしろよく聞こえます。また、遊廓から遠く離れた、どう考えても反響しようのない山中のほうが頻繁に聞こえるものです。

花柳界が衰退し、つづみや太鼓のお囃子がめったに演じられなくなった現代でも、田舎道を夜中に歩いているとポォン・ポォン・ポォン、あるいはトォン・トォン・トォンという、よく響く低音の連打で、かなりはっきりとした腹つづみが聞こえることがあります。

そして、お年寄りに詳しく話を聞くと、昔は腹つづみの殊更にうるさい夜というのがあり、そういうときは化かされやすかったそうです。「うるさい」というのはもう、騒々しくて眠れないほどの大合奏だそうで、これは尋常なことではありません。当然、遠くのお囃子の反響などではありえません。戦前までは東京市内（当時）でも、目黒とか千住など繁華街から離れたところでは「腹つづみがうるさくて眠れない」ことがあったようです。

こうした口伝は全国にあるのですが、私が「タヌキ以外の何かの自然現象かも……」と思う理由のひとつは、いずれの地域でも腹つづみは顕著に聞こえていたらしいものの、タヌキそのものを見た人がほぼいないことです。何らかの特定の自然現象を脳がキャッチしたとき、人間は誰もが広義の共感覚的にあの音として聞こえる（聞こえたと感じる）のではないでしょうか。

とにかく、現代よりはるかに光・音・電磁波などが少なかった時代には、格別に交霊能力があるわけでもないたくさんの普通の人々が、静かな夜にそういう「自然界の何かを感知する体験」をしていたのだと思います。

そういえば、オカルトブームの時代にはよく「夜に幽霊が出るのは、暗いほうが幽霊の体を組織する物質が見えやすいから」という説が交わされましたが、あれも違うのかもしれません。本来、霊というのは電磁的存在で見えないものなのかもしれず、しかし夜に見えることがあるのは、音がない・光がない・人の気配がないなど「ノイズに遮蔽されない環境」が、共感覚的な感知に向いているからだとも考えられます。一方で、思春期までの特に女の子は日中でも霊を見ることがままあり、これは「若いほど」「女性のほうが」共感覚の遺残度合いが高いことと関連があるかもしれません。

＊　＊　＊

共感覚的な感受性を、現代でもなお多くの人が持ち続けているということには、意味があるはずです。さまざまなノイズに遮蔽されながらもなお、脳が頑張って残してくれているのですから……。

私たちは無意識に共感覚的なものを利用して意識群とつながり、吉運や危機などをサーチしています。ストレスフルな現代こそ、その必要があると脳が判断しているのでしょう。

しかし、脳の頑張りにも限界があります。私もパソコンに向かい合う生活をしているので自省を込めて書きますが、余暇はなるべく電子機器から離れ、自然と触れあうことが現代人には求められています。リアルの動植物との触れあいは、私たちの種の存続の上でどうしても必要で、これはバーチャルが代行できない領域です。

そういうライフスタイルに戻していかないと、人間はそろそろまずいように思います。

むろん、電磁的インフラの拡充は未来にわたって不可欠なのですが、高度な科学を手にしたからこそ「大自然の一員としての自分」を維持する方法も作り出せるはずです。タヌキの腹つづみが聞こえている最後の時代、私たちがすべきことは自然界とのつながりを再評価し実践することだと思います。

＊＊＊

おわりに、老婆心ながら少しだけ注意喚起を……。

188〜191ページで「人間にはスピリチュアルが必要」と述べました。しかし全てのスピリチュアルにおいて、主役は厳然たる「本人」です。例外はありません。

この主役性を他者に譲り渡してはなりません。引き寄せブームに乗じた偽霊感ビジネスは、貴方の心を変質させ依存へと誘導します。そういうスピリチュアルは有害です。

ここまで本書を読んで下さったならお判りと思いますが、共感覚や霊感を暮らしに活かす力を持っているのは本人だけです。他者に訓練してもらって伸びるものではありません。

本文でも述べましたが、一般的な共感覚は、脳の複数の知覚部位が神経線維で結ばれていたり（数字→色の線維的結合を脳スキャンにより確認）、伝達中の信号が常に特定の箇所で漏れたり（色聴など）といった、脳の構造上の特異性ゆえに発生します。幼児期にはほぼ誰もが当たり前のように共感覚的感知をしていたとみられますが、生体の信号伝達機能は脳以外の臓器も含め、加齢とともに衰えて（信号漏れの場合は修繕されて）いき、一度失われた知覚は以前と同じ状態には甦りません。

共感覚も、生体の成長とともに「幼時の強度のまま維持」または「減衰」のどちらかの経過をたどります。なので「蘇生」はあり得ません。

ただ、DV被害や急な傷病などで脳が共感覚を臨時強化する場合はあります。これは、本人が忘れてしまっているほどの昔に減衰した共感覚を、残っている信号伝達システムが生体を守るために頑張って再現してくれる現象でしょう。ですからこれは、DVの脅威や傷病による身体のハンディキャップがなくなれば消えてしまいます。

かくのごとく、共感覚はどこまでいっても本人のもの、本人の脳がもたらしているものです。

脳の司令長官は頑固で、本人以外の指令は聞きません。たとえ貴方が本物の強い霊媒と出会ったとしても、その人が貴方に対してできることは「霊の言葉を伝える」までであって、貴方の脳を操作して共感覚や引き寄せ力を高めることは絶対にできません。

唯一、共感覚的な力を（あくまで結果的に）高めてくれそうな存在は、近所のかかりつけのお医者さんです。むろん「共感覚を伸ばして下さい」と頼んでも怪訝な顔をされるだけですが、医師は貴方の体の健康を維持してくれます。

既述の通り、健康と心の安寧があってこそ、意識サーチ力や引き寄せ力が存分に作動します。仏僧が菜食や瞑想、適度な運動を日課にしているのも、そうすることによって身体の健康と意識のクリア化をはかり、生者や死者の意識群と交信しやすくしているのでしょう。神道の神官や巫女も、キリスト教の神父も、心身の安寧、特に心を穏やかに日々を送ることにつとめており、私たちにもそうしたライフスタイルを勧めてくれます。

もっとも私たちは、法事や清祓《せいばつ》でもなければ普段、あまり彼らの話を聞くことはありません。が、ごく当たり前の生活改善につとめ、定期的に健康診断を受診するなどして、日々を穏やかに過ごせば意識のアンテナを研ぎ澄ませることが可能です。

本人にしかできない、しかも私たちが昔から経験則的に知っている「心身のために良い習慣」こそが、共感覚的な力を活かすためのスキルです。共感覚は人間と自然界とのつながりですから、余暇はなるべくパソコンやスマホから離れ、身近な自然と協調する時間を増やすことが望ましいと思います（電磁的なものから離れる意義だけではない。デバイスが日常携行品となった現代人の脳は情報飽和で疲弊しているため休養させる意義も大きい）。これらの習慣はシンプルで、誰にでも出来、お金もかかりません。そしてあくまで本人が主役です。

なお、意識の力は幸運との出会いや危険の接近の「感知の手助け」をしてくれますがそれ以上の実効力はなく、具体的な行動は自分自身がしなければ何も変わりません。意識力を過信して「自力で病気を治す！」と鼻息を荒くする人がいますがそんなことは不可能で、うかうかしているうちに手遅れになってしまいます。

意識力が体の不調を感知してくれたらそれを無駄にせず、クリニックや病院で検査してもらって適切な治療を受けて下さい。

＊　＊　＊

もうひとつ、「ドラッグをやると共感覚が得られるらしい」という噂が、ネットを中心に広がっています。これは危険な誤解で、ドラッグで得られるものは幻覚としての色彩世界などです。そんなものを得たところで意味がないどころか、ドラッグは脳や神経を壊すので、むしろ既に持っている共感覚や意識力がどんどん衰えてしまいます。

ですので、絶対にドラッグには手を染めないでください。

ドラッグで壊れた脳組織や神経線維は元に戻らないので、一生を台無しにしてしまいます。共感覚や意識力は誰でも持っているので、そんな犠牲を払ってまでわざわざ得ようとする必要はないのです。

西洋ではむかし、共感覚を蔑視しひどい言葉で表現する傾向があったのですが、不思議なものでそんな風潮の中でもわざわざ特別な共感覚を得ようとする人がいました。そして、その方法として大麻やLSD、サイロシビン（いわゆる魔法のキノコ）などを使ってしまい、ニセの共感覚である妄想や幻覚にラリっているうち、健康や人格を壊してしまうケースがあいつぎました。

シャルル・ボードレールというフランスの詩人は「音は色に覆われている」という主張をしていましたが、彼は大麻を長いあいだ大量に使用していました。実際、彼の著書には「(共感覚は大麻を使うと）尋常ではない鮮やかさになる」と書かれています。しかし、彼が見ていたのは共感覚の色彩ではなく病的な幻覚です。なぜなら共感覚色は頑固に一定しているものであって、体のあんばいがどうであろうが「尋常ではない鮮やかさ」に変化したりはしないからです。

彼は大麻のせいでだんだん幻覚がひどくなり、さらに梅毒にもかかってしまって、とうとう幸福とは言えない人生を閉じたのでした。

繰り返しますがドラッグは非常に危険です。一旦ドラッグ依存になると、自分で「まちがっている」と判っていても、何とか口実をもうけてそれを得ようとする人格になってしまいます。元来誰もが何らかの共感覚を持っているのです。ドラッグに手を染めてわざわざ神経線維を傷め、せっかく持っていた共感覚を無くしてしまっては本末転倒です。

自然界の一員として人間は存在し、意識サーチや引き寄せ力も特別なスペックでなく元々備わっているもの。それらを暮らしの中に活かしていくためにはドラッグなどもってのほかですし、ストレスフルな現代社会の生活スタイルも極力見直していきたいものです。

最後になりましたが、共感覚に関心を寄せて下さった読者諸兄、ならびに拙稿を書籍化し世に送り出して下さった東方出版の皆様に心より感謝申し上げます。

二〇一八年六月

遠森　慶

（補記・二〇一八年五月脱稿時の私の共感覚的な様態の遺残度合い）

●幼稚園年少組のときから全く変わっていないもの／書記素色覚（今現在も新たに学んだ文字に色がつき続けている）、色聴のなかで書記素色覚的なもの（文字を読む声に色文字と同じ色がつく）、明晰夢

●減衰しつつあるもの／色聴、対人色覚、痛みに色や味や形状、できごとに色（記憶の色分け整理）、方位や上下左右に色や質感、自分の感情に色、直観像記憶、不思議の国のアリス症候群

●消失したもの／ミラー的対人色覚（相手が自分を何色に感じているかを感じる）、地震発生の約五分前感知

●減衰か消失か判らないもの／死期が近い人に匂い

◆参考文献◆

石川幹人『「超常現象」を本気で科学する』新潮社／二〇一四年
岩崎純一『私には女性の排卵が見える』幻冬舎／二〇一一年
［NHK取材班］梅原勇樹／苅田章『超常現象　科学者たちの挑戦』NHK出版／二〇一四年
大内初夫他校注『新日本古典文学大系71　元禄俳諧集』岩波書店／一九九四年
越智啓子・池川明『魂の処方箋』オープンエンド／二〇一〇年
貝塚茂樹『孟子』講談社／二〇〇四年
光田愛・関口理久子・雨宮俊彦『非共感覚者における母音と色の一致効果』日本心理学会第72回大会発表論文（二〇〇八年・認知1AM119）(https://psych.or.jp/meeting/proceedings/72/poster/pdf/1am119.pdf　二〇一八年五月)
篠原和子／宇野良子編『オノマトペ研究の射程』ひつじ書房／二〇一三年
ジョン・ハリソン（松尾香弥子訳）『共感覚　もっとも奇妙な知覚世界』新曜社／二〇〇六年
竹田晃／黒田真美子編『中国古典小説選5　枕中記・李娃伝・鶯鶯伝他』明治書院／二〇〇六年
立花隆『臨死体験　下』文藝春秋／一九九四年
ダニエル・タメット（古屋美登里訳）『ぼくには数字が風景に見える』講談社／二〇一四年
ダフニ・マウラ／チャールズ・マウラ（吉田利子訳）『赤ちゃんには世界がどう見えるか』草思社／一九九二年
長田典子／藤澤隆史『共感覚の脳機能イメージング』（『システム／制御／情報』第五十三巻四号）／シ

ステム制御情報学会／二〇〇九年
パトリシア・リン・ダフィー（石田理恵訳）『ねこは青、子ねこは黄緑』早川書房／二〇〇二年
平田篤胤（子安宣邦校注）『仙境異聞　勝五郎再生記聞』岩波書店／二〇〇〇年
松尾芭蕉（萩原恭男校注）『おくのほそ道　付曽良旅日記　奥細道菅菰抄』岩波書店／一九九一年
松谷みよ子『現代民話考　4』筑摩書房／二〇〇三年
馬淵和夫校注・訳／国東文麿校注・訳『新編　日本古典文学全集38　今昔物語集（4）』小学館／二〇〇二年
モリーン・シーバーグ（和田美樹訳）『共感覚という神秘的な世界』エクスナレッジ／二〇一一年
矢作直樹『魂と肉体のゆくえ』きずな出版／二〇一三年
李珠晛『共感覚の処理過程の解明：色字共感覚および色聴共感覚』女子美術大学大学院美術研究科／二〇一四年
Dean Radin / Leena Michel / Alan Pierce / Arnaud Delorme『Psychophysical interactions with a single-photon double-slit optical system』Quantum Biosystem (http://deanradin.com/evidence/RadinQuantumBiosystems2015.pdf　二〇一八年五月)
STEVE ODIN『BLOSSOM SCENTS TAKE UP THE RINGING: Synaesthesia in Japanese and Western Aesthetics』（『Soundings: An Interdisciplinary Journal』第69号）ペンシルバニア州立大学プレス
●右のSTEVE ODINの論文について、読者がアカウントを作成するための論文表紙ページのURL (https://www.jstor.org/stable/41178379?seq=1#page_scan_tab_contents　二〇一八年五月)

遠森　慶（とおもり・けい）
フリーライター、大阪府在住。1964年、東京の古典芸能家系に生まれ家督を継ぐも、身体的理由で舞台を降り、出版やデザイン会社勤務を経て独立した。読める文字すべてに色を感じる共感覚と、操作可能なリアル夢（明晰夢）、不思議の国のアリス症候群などの精神様態が幼時からある。著書は『日本の路面電車』（宝島社/2013年）など10冊。2014年からの闘病生活後、本書は復帰第一作。
共感覚サイト⇒https://www.tomorikei.com

共感覚でスピリチュアルを読み解く
――文字に色、いのちに光

2018年9月20日　初版第1刷発行

著　者――遠森　慶

発行者――稲川博久

発行所――東方出版㈱
〒543-0062　大阪市天王寺区逢阪2-3-2
Tel. 06-6779-9571　Fax. 06-6779-9573

装　丁――森本良成

組　版――はあどわあく

印刷所――モリモト印刷㈱

落丁・乱丁はおとりかえいたします。

ISBN978-4-86249-342-2 C0011

前世療法　医師による心の癒し　久保征章　一、五〇〇円

いのちの医療　心療内科医が伝えたいこと　中井吉英　一、五〇〇円

霊魂と共に生きる　井阪秀高　一、五〇〇円

三輪山の大物主神さま　大神神社監修／寺川真知夫原作　一、二〇〇円

ヨーガ・スートラ　パタンジャリ哲学の精髄　原典・全訳・注釈　A・ヴィディヤランカール著／中島巖編訳　三、〇〇〇円

バガヴァッド・ギーター詳解　藤田晃　四、五〇〇円

無所有【新装版】　法頂著／金順姫訳　一、八〇〇円

夏祭りの戯れ　大西昭彦　二、〇〇〇円

＊表示の価格は消費税を含まない本体価格です＊